量子「人間」学

田中 耕太郎

海鳥社

装幀・いのうえしんぢ

プロローグ

ウイルス学の大学院で研究をしていた頃、毎週のように大腸菌の培養をしていました。

栄養たっぷりの培養液を作って大きめの三角フラスコに入れ、作成した大腸菌を加えてインキュベーター（温度を一定に保つ装置）のスイッチを入れます。インキュベーターのなかは赤外線で橙色に照らされ、回転台に固定された三角フラスコが水平に回転している姿が見えます。培養液の液面は波うちますが、フラスコの中身に濁りはなく黄色い液体が揺れています。肥料のようなにおいがあたりに立ちこめていますが、とても食欲をそそるようなものではありません。

培養液の組成は今ではすっかり忘れてしまいましたが、作成しておいた無菌状態の水に必要な薬品を決まった量だけ加えて作ります。この辺の作業は料理のようですが、雑菌の混入は絶対に許されません。今日もルーティン通りきちんと仕事ができたので、明日出勤する頃にはこの培養液は白濁し、そのなかに大量の腸菌ができていることでしょう。

なぜウイルス学なのに大腸菌を培養していたかというと、欲しいＤＮＡを大量に製造するためです。プラスミドという円環状の二本鎖ＤＮＡを酵素で切断し、切断された両断端の間に希望するＤＮＡを挿入して、ネックレスをつなぐように再度円環状に戻します。このようにして作成したプラスミドを大腸菌のなかに導入しておくのです。大腸菌は単細胞生物ですから、ひとつの細胞が細胞分裂してふたつに分かれる形式で個体を増やしていきます。そして分裂したふたつの細胞の中身はまったく同じように複製されますので、導入しておいたプラスミドも他の細胞内器官と同じように複製されていることになります。ですから、このようにして実験室で大量の大腸菌を作成すれば、望んだＤＮＡも大腸菌と同じ数だけ増えているということになるのです。

30分に１回細胞分裂が起きると言われていますので、30分ごとに大腸菌の数は２倍になります。最初は１個だった大腸菌は10時間後には２の20乗個の大腸菌になっています。初めは１個だったプラスミドＤＮＡも、10時間で１００万個ほどに増えているわけです。

翌日、実験室でこのようにしてできた大腸菌からプラスミドＤＮＡを大量に回収していました。

さて、40億年ほど前に地球上に最初に登場した生物は、この大腸菌と同じような単細胞生物だったと考えられています。多細胞生物が登場するのはそれから10億年ほど後のことです。最初に生まれた単細胞生物は分裂を繰り返しながら、生物としての形態を変化させながら40億年ずっと生きてきたという人がいます。40億歳だというのです。確かに細胞分裂においては、母細胞と娘細胞に分裂して、細胞の器官がすべて複製されますが、分裂した結果同じものができますので、どちらが母親だったか娘だったか分からなくなります。

それに、そんなことはもう区別のしようがありません。次々に細胞分裂して増えていくからです。もちろん分裂して増えたといっても、すべての細胞が生き残っているわけではありませんが、少なくとも単細胞生物の子孫は現在でもいろんな形で生き残っていますので、そのような意味で、最初に生まれた単細胞生物は、現在も生き残っているということができるのかもしれません。

細胞でできた生物というのは「複製」という仕組みを使って子孫を作り、代をつないで延々と生きてきました。その子孫である私たち人間もそうです。

私たちは物心がついたときから人間でした。しかし、自分のあずかり知らないところで先祖の歴史が紡がれ、政治システムや社会の慣習のなかに組み込まれていました。そしてあまり深く考えずに社会に出て、社会人をしています。

いつの間にか多細胞生物としての「からだ」があり、「からだという空間のなかにいる私」が考え事をしています。からだのあらゆるところから信号が私のところに伝わってきて、痛いとかきついとか気持ちがいいとか言います。私はそのすべてに対応することはありません。でも歳をとるにつれて、不快な信号が増えてきたのは間違いありません。また、過去に起きた「からだからの信号」を学習していますので、今日は適度な運動をした方がいいとか、今日はこれを食べたらおいしいんじゃないかとか、考えている自分がいます。そして私のほかにも人間が数多くいて、同じように考え事をしながら生きています。

ある朝、コンビニで何気なく買い物をした時のこと。いつもだったら常連客の私に対して、店員さんが慣れた調子で商品を袋に詰めていき、いつも通りの電子マネー決済を済ませてくれます。コンビニの店員さんは一般的にマニュアル通りの挨拶言葉をかけてくれるのですが、そこは福岡市でもはずれの片田舎のこと、慣れた店員さんが、少しくだけたセリフや笑顔を混ぜてくれます。しかし、その日は大学生のアルバイトの女性が、不慣れな手つきで一生懸命会計処理をしてくれました。表情はこわばり、しぼりだすようにマニュアルの言葉を口にします。私は少しだけいつもよりよそよそしくお辞儀をして、その場を立ち去ろうとしました。

その時、ふと思ったのです。

この若い女性の店員さんに対して、私がしたお辞儀に心はこもっていただろうか？

この日本でも資本主義、商品経済が根づいたのか、昔のタバコ屋さん（雑貨屋のようなもの）みたいな雰囲気のお店は少なくなって、マニュアルで訓練された店員さんが働く全国展開のフランチャイズチェーン店をよく利用するようになりました。昔は店員さんとよく無駄話をしたものです。幼いときにタバコ屋で店番をしたこともあったせいか、そういう会話が好きでした。しかし、最近のお店では無駄な会話が必要なくなり、いつのまにか機械に接するように人に接してしまう自分がいることに気づいたのです。

初めて会った他人とはいえ、このコンビニの女性は人間です。人間は万物の霊長と言われ、価値ある存在ではないのか？　私はその人間に対してあたかも「木石《ぼくせき》」のように接していなかったか？　と考えたのです。

私のなかでこの感覚や疑問をどのように消化していったらいいのか、深い思索の時間が始まりました。

現生人類が誕生して20万年が経過したと言われます。* 日本史や世界史で習う内容だけでも膨大な量がありますが、文字が生まれて一万年しか経っていないことを思うと、人類が誕生した時代のことなどあまりにも昔の出来事です。そんな昔の話は私にはさほど関係のないことだと思っていました。しかし、最初の人類はたった一人だったのですから、あのコンビニの店員さんも人類の生命の枝分かれをさかのぼりたどっていけば、どこかで私と同じ祖先から分かれたはずです。つまり遠い親戚です。さらに大学生ほどの若さの人には失礼かもしれませんが、長い間生きてきた人類の重みもあるはずなのです。

どんな人も平面的に簡単に見てはいけないと、いつも考えていました。しかしそれでも毎日出会う人たちに、それほどの年月の重みを感じていたとは言いがたく、なにか申し訳ない気がします。頭ではそのようにしようとしても、どうしても感覚がついてこないのです。

このような私は、このまま分からないまま、なんとなく生きていていいのかと考えてしまいます。怒ったり喜んだり人を傷つけたりしながら生きていますが、本当にこのままでいいのかと、ふとした時に悩んでしまうのです。

分からないこと、それは、私たち人間の「生きる意味」について、その「価値」について、です。

私たちはどう生きていけばいいのか、心にストンと落ちるアイディアはないのでしょうか？

毎日出会う人たち、それは考えようによっては家族も同じです。それらの人たちの本当の価値を心にしっかり感じ、保てないだろうか？

テレビを通して遠い外国の出来事を目にしますが、いまだに自分とのかかわりを直に感じられません。しかし、風貌が異なる人々であっても、その価値に違いはありません。それらの人々のことを深く感じることはできないだろうかとも思います。

コロナウイルス感染が、私たちの価値観を根底から崩していきました。あると思っていた確かな世界は、それほど確かなものではなかったのです。世界中にいる私たち人類はどのように生きたらいいのか、何にエネルギーをぶつけたらいいのかはっきりわからないで、もやもやしています。１００年前はそのエネルギーが、革命や戦争に向かっていきました。現代の私たちはそのつらい経験の土台の上に生きていますから、きっと違う道を探すはずです。

見つからないからといって探さなければどうなるでしょう。気がついたらすでに始まっていた私の人生、ただ時間だけが過ぎていきます。

自分の存在についてしっかり考えてみたい。そこから、自分の価値、そして他人の価値を知っていきたい、そのような思索の旅にしばしおつき合いください。

これから一緒に、人類の存在と生命について考えてみることにしましょう。

＊人類の定義はまだはっきりしていませんが、私は人類の誕生を20万年前と定義しました。それは現生人類の誕生を意味します。広く人類と考えれば、人類の誕生は猿人であるサヘラントロプス・チャデンシスが誕生した７００万年前をイメージされるかもしれません。しかし猿人の後、50万年前に生まれた旧人のネアンデルタール人が現生人類とは同時期に重複して存在していたものの、解剖学的に現生人類とは別の種であり、その後滅亡したことを踏まえ、現生人類の誕生をもって人類の誕生といたしました。

目次◉量子「人間」学

Ⅲ章

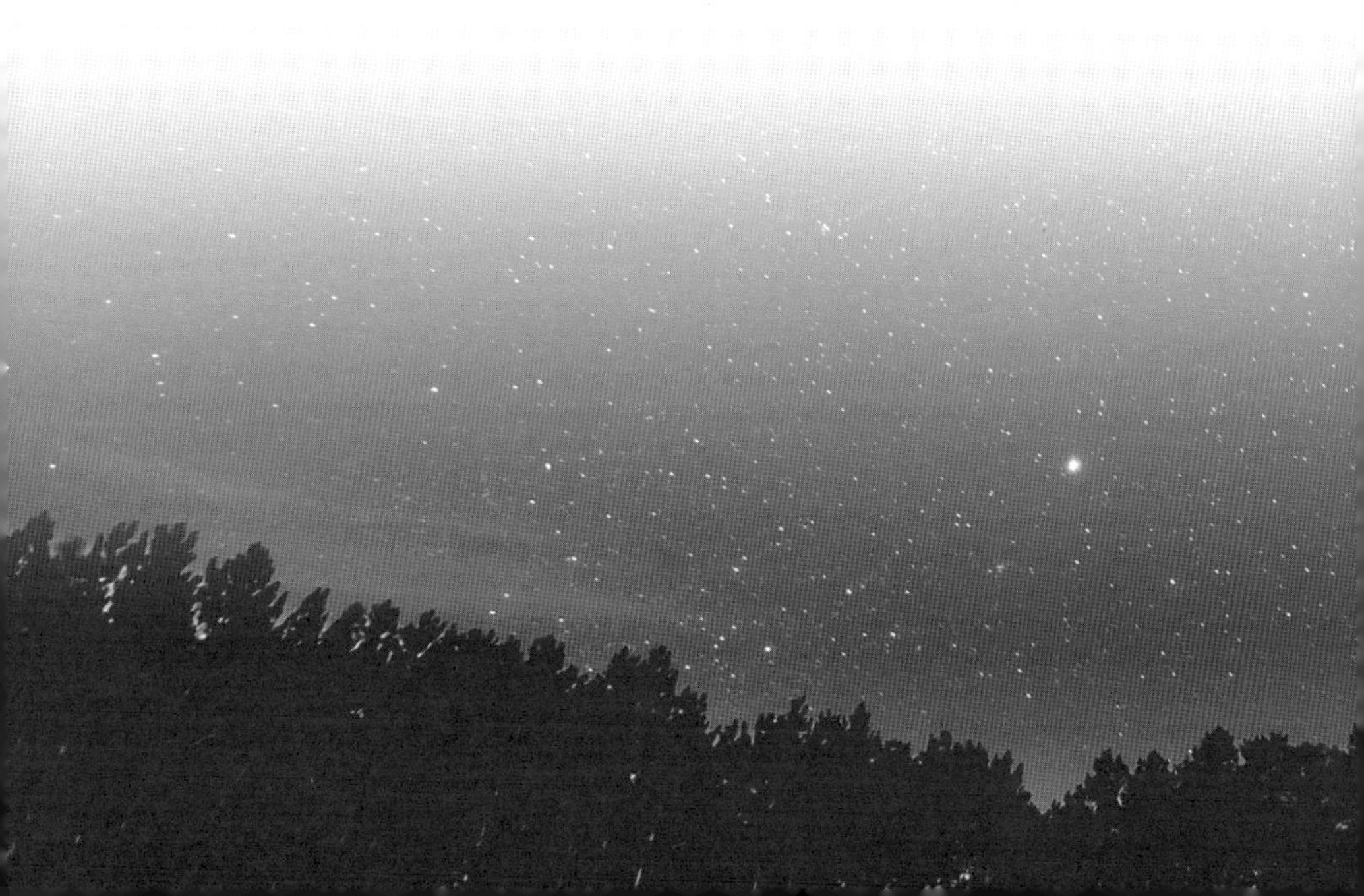

Ⅰ章

年齢について

あなたはいったい何歳ですか？
20歳？　30歳？　もしかして70歳？　80歳？
「自分の歳を聞かれるなんて、認知症の検査でもあるまいし」と思われるでしょう。

断言します。あなたはそんなに若くありません。
えっ、冗談で言っているんではないですよ。あなたはそんなに若くはありません！
いや怒らなくていいです。皆さんご存知ないんです。ご自分の本当の年齢を。

ここまでもったいぶったのだから、早く知りたいですよね。
正直に言います。あなたの本当の年齢はだいたい20万歳くらいです。

たいていの方は、は？　という顔をされているでしょう。
これからゆっくり年齢の仕組みを説明していきます。理屈はそんなに難しいことではありません。そんな話なら聞いたことがあると言われる方もおられるかもしれません。でも大事なことはそこではないんです。

本当の年齢を知ることがなぜそれほど大事なのか？　そして本当の年齢を知るという知恵がどんなに役に立つか？　そのことをじっくりお話ししたいのです。

私もあなたと同じように20万年くらい生きてきました。今は医者をしています。高齢者を中心に、私がこの患者に何ができるのかと考えながら試行錯誤してきた人生でしたが、それもたかだか50年くらいですので、たいしたことが分かったわけではありません。それ以前は高校の物理の教師や主婦をしていました。その前は薬剤師やタバコ屋、地主もしていたようです。

途中でわからなくなってきたでしょう？

はっきり申し上げます。私は輪廻転生《りんねてんせい》の話をしているのではありません。

大事なことなので申し上げたいのですが、私は父親と母親のからだのなかで、その人生を共に生きてきました。ここが重要なポイントです。

当然のことながら、同じように祖父や祖母の人生も共に歩んできました。ですから、それらの方々の人生のいいことも悪いことも含めて、すべて私の人生なのです。同じように曾祖父母やその前の代、その前の代とさかのぼってもその理屈は変わりません。極端な話ですが、そのように考えていって究極までさかのぼってみると、私は人類が生まれたと同時に生まれ、今まで多くの人生を生きてきたとも言うことができます。

そうなんです。私は約20万年前に人類が誕生した瞬間に最初の人間として誕生し、細胞のつながりを通して代を継ぎながら多くの人生を生きてきました。だから、約20万歳ということなんです。今生きている人類はあなたを含めてすべて、例外なく同じ20万歳ということになります。私があなたの年齢を言い当てた理由をお分かりいただけたでしょうか？　今現在生きていらっしゃる方は例外なく20万歳なのです。

あなたのこれまでの人生をイメージしてみてください。20万年の人生の旅路を！　今までの忘れていた人生を！

長い長いアフリカでの生活、そしてアフリカ大陸を離れて現在の土地に至るまでの長い長い旅路を……。どれほど多くの人生を歩んできたのでしょうか。先祖を通して生きてきたその想いや願い、喜びも悲しみもすべてこの私のからだに宿っていることを私たちはすっかり忘れてしまっていたのです！　なんと無知だったのでしょう！

いささか突拍子もない出だしになってしまいました。しかも人間の存在について、あまりにも大胆な仮説を提示してしまったものです。ただ気軽におつき合いいただきたいと思うのですが、その理由は、私がどうしてもこの仮説が正しいと主張し、既存の主張と対峙することを目的としていないからです。さらに言えば、皆さんにできるだけ固定概念を飛び越えて、柔軟に考える材料を提供したいところに目的があるからです。

人間の生が20万年の長さで、多くの代替わりを通してつながっているものだとしたら、物質的に、また精神的につながりがあるという、それなりの理屈や実感が存在するはずです。

それらについてこれから具体的にみていきましょう。

まず人体形成のスタート地点である受精卵がどのようにできるか振り返ってみます。父親のなかでつくられた精細胞と母親のなかでつくられた卵細胞が出合って一体となり一個の受精卵になります。それが細胞分裂を繰り返して何十兆という細胞の集合体となり、現在の私のからだを形作りました。ヒトのからだのなかでは、次から次に新しい細胞が分裂によって生成し、新しい細胞が生まれるかわりに古い細胞が死んでいくという新陳代謝を通して、恒常性が維持されています。そしてある時、何十兆の細胞の塊である古い個体は生殖活動を行い、新しい個体に代替わりするわけですが、「細胞」に注目して見れば、代替わり前後の個体間で細胞のつながりが途切れたわけではありません。

生殖活動を行った代替わり前の古い個体はいずれ寿命を迎えますが、代替わり後の新しい個体はさらに代替わりして新しい個体を生み出し、代替わりを繰り返しながらヒトは生き続けます。個体が変わっても、細胞はずっとつながり続けているのです。

代替わりの度に記憶が失われてしまうので、代替わり前後の個体である親子はそれぞれがまったく別の生物であるかのように錯覚してしまうのですが、実際は代替わりしても同じ生物なのです。

20万年の時空を超えて網の目のようにつながっている細胞のつながりをイメージしてみてください。たとえ世界中に、70億人に枝分かれしていてもすべての人類は出発点が共通なので、さかのぼっていけば必ずあなたも私もどこかでつながっています。

人類、ホモサピエンスは時空を超えてつながったひとつの生物だったのです。

すべての生物、スズメもライオンも細胞がつながり続けているひとつの生物なのです。驚くべきことですが、100年前に先祖が見たスズメも、今そこにいるスズメも、それは同じスズメだったのです。

ここでインド・ヒンドゥーの世界創造神話を引用します。

千の頭、千の眼、千の足を有し、大地を覆いつくす原人ブルシャ（原初の人、すなわち創造神話にみる宇宙の根源の人間的表出。のちに創造神プラジャーパティと同一視されるようになった）が〈春を溶けたバター、夏を薪、秋を供物〉とし、自分の子供である神々を祭主に、みずからを祭獣として犠牲にささげたとき、〈完全に献供されたその犠牲獣から、もろもろの讃歌ともろもろの旋律、韻律、祭詞〉が生じ、つぎに馬・牛・羊・山羊など畜類が生まれ、また〈彼の思考機能から月が、眼から太陽が、口からはインドラとアグニが、また息からは風が〉生れ出たという。

（「原人讃歌」10・90、『リグ・ヴェーダ』〈森本達雄『ヒンドゥー教―インドの聖と俗』〉）

千の頭、千の眼、千の足を持つという原初の人間についての表現が、私には、細胞のつながりを通して時空を超えた、たくさんの個体が連続するひとつの生命体としての人間を表現しているように思えます。最初にこの神話の文章をみた時は、わけのわからない表現だと思ってあまり気に留めていなかったのですが、時空を超えた存在として人間をみてみると意味のある表現に思えてきました。

世界各地に残る神話には、人間存在の意味を解明するためのなんらかのヒントが隠されているのかもしれません。

遺伝と記憶

体質の遺伝について

長い歴史を通して、人類はいろんな体質を獲得してきました。そしてその体質は子孫に遺伝しています。いくつか例をみてみましょう。

どんなに食べても太らない人がいます。

どうでもいいことですが、私は少ししか食べていないのになかなか贅肉が落ちないので、そのような方をとても羨ましいと感じます。

食べ物が贅肉になりやすいかどうかというのはエネルギー効率の問題です。太らない人は、たくさんの食べ物を摂取してもエネルギーを貯蔵せずに、あっという間に排泄してしまいます。私はというと、ちょっとしか食べていないのに、少しも無駄にしないでため込んでしまいます。

この体質の違いはどうやって生じたのでしょうか？

「飢え」と関係があります。飢えが身近にあった人類は、少しの食べ物から得たエネルギーも無駄にしないように身体が適応しました。氷河期など食べ物の少なかった時期や、狩猟採集をしていて獲物が確実に手に入らない環境においては、エネルギーをため込む性質が必要です。その体質が遺伝され現代に伝わったのでしょう。現代ではその性質も、糖尿病になりやすい体質としてあまり評判がよくないですが……。

ところで、逆にエネルギー効率の悪い方の先祖は、食べ物の心配をあまりしなくていい地域で暮らしてきたのでしょうか？　昔、ブラジルに住んでいた友人が、「街を歩いているとそこら辺に果物がなっているから、食べ物の心配をしなくていい」と言っていたのを思い出しました。冗談だったとは思いますが、そのうち確かめることができればと思います。

鎌状赤血球症という病気が知られています。鎌状赤血球症というのは、赤血球の構造に関わる遺伝子に異常があるせいで、異常な赤血球を作ってしまう病気です。一部の赤血球に異常があっても生命にはかかわりませんが、赤血球の形が鎌状に変形するため酸素の運搬効率が悪くなります。しかし、この病気の人には大きなメリットがあることが分かりました。マラリアに感染しにくいのです。マラリアは赤道付近に多い疾患で、蚊が媒介します。マラリア原虫は赤血球のなかで増殖するので、鎌状赤血球症の患者の赤血球では増えにくいのです。マラリアのリスクの高い土地には、鎌状赤血球症の患者が多く見られます。これも長い人類の歴史のなかで遺伝された性質と言えます。

皮膚にはメラニン色素を産生する細胞があります。皆さんには大抵、どこかに「ほくろ」があると思いますが、「ほくろ」というのは何らかの理由でメラニン色素が溜まっている部分です。全体的にメラニン色素が多い人は皮膚の色が黒くなります。日焼けをすると皮膚が黒くなりますが、日光を多く浴びた皮膚はメラニン色素を多く合成するようになっています。このメラニン色素が紫外線から皮膚細胞を守っています。直接紫外線が皮膚にあたると、一定の確率でＤＮＡを傷害してしまい、皮膚がんの原因になるので、メラニン色素が皮膚のバリアになっているのです。赤道に近い場所ほど皮膚の黒い人が多いのは、日光からからだを守るためなのです。

日光はからだに悪いばかりではありません。骨を強くするためのビタミンＤは、日光を浴びなければ活性化しないことが分かっています。赤道から遠く離れた場所に住んでいる方は、日光照射量が少なくその恩恵をなかなか受けられません。メラニン色素の産生を少なくすることで、できるだけたくさんの日光をからだに受けようとするので皮膚が白くなるのです。人間の皮膚の色はあくまでも日光への適応の結果決まっているのです。

3つの例をあげましたが、このように体質は遺伝しています。

DNAによる遺伝の仕組み

このように体質は遺伝するのですが、遺伝には具体的に遺伝子という細胞内の設計図が関わっています。この項では分子レベルで遺伝の仕組みについて説明しましょう。

まず、古い細胞が新しい細胞を作るときに細胞分裂を行います。

ひとつの細胞がふたつに分裂してふたつの細胞になるわけですが、新しい細胞が古い細胞の形質を受け継ぐためには、正確に遺伝情報を伝えてもらわなければなりません。そこでDNAを用いた遺伝情報の複製の仕組みが重要になります。

まず遺伝情報がどこにあるかということですが、細胞の中心にある細胞核のなかに染色体としてコンパクトに収納されています。

ヒトの場合、アデニン（A）、シトシン（C）、グアニン（G）、チミン（T）の4種類のデオキシリボ核酸（DNA）がたくさん連結して長い鎖を作ります。このDNAの鎖は、伸びたままでは長すぎて、さらにちぎれやすいので、二重らせん構造をとり、幾重にも折りたたまれて染色体を形成します。

DNA鎖は4種類の遺伝物質だけでできていますが、たくさんの種類のタンパク質の設計図にならなければばなりません。3個のＤＮＡの組み合わせがひとつの単位（コドン）として認識され、1種類のアミノ酸に対応します。たとえばＣＡＧという配列はグルタミンというアミノ酸に対応します。4種類のＤＮＡは組み合わせをすべて書きだすとＣＡＧ、ＴＴＴなど64種類のコドンをつくることができます（コドン表にはＤＮＡの組成であるチミンＴではなくＲＮＡの組成であるウラシルＵが表記されています）。ですからコドンを用いた暗号には64種類までのアミノ酸に対応できる能力があるのですが、アミノ酸は全部で27種類しかありませんので、ＤＮＡはすべてのアミノ酸に対応できるのです。

からだのなかで生体反応を起こすのは、酵素や情報伝達物質などで、それらの物質はすべてタンパク質がもとになっています。27種類のアミノ酸をいろんな順番で鎖のようにつなげることで、たくさんの種類のタンパク質を生成することができます。アミノ酸がたくさんつながってタンパク質になるのですが、ＤＮＡ配列がアミノ酸のつながる順番を規定していることから、ＤＮＡの配列はタンパク質の設計図であるといえるのです。ＤＮＡの配列はつまり細胞から組織、そして人体の設計図だということなのです。現在、この設計図が顔かたちや体形、性格も全て決めていて、個体の間の違いを生んでいると考えられています。

ところで、この細胞が持つＤＮＡの総体をゲノムと言います。ヒトゲノムの配列がすべて解析され、ゲノムのなかにタンパク質に変換されないＤＮＡ配列がたくさん含まれているという驚きの事実が明らかになりました。ヒトのゲノムにはジャンクと言われる配列が97パーセントも含まれていて、タンパク質に変換されるＤＮＡ配列はごく一部だったのです。

無駄と思える配列が97パーセントもあるとは、さすがに予想されていませんでした。生命の根本にかかわる遺伝の設計図にそれほど多くの無駄が含まれているというのは何か奇妙な感じがします。ですから、この謎を解き明かすために今でも盛んに研究が進められています。最近ではレトロトランスポゾンという領域があるとか、マイクロＲＮＡという制御物質がつくられているという話もありますが、ゲノムによる遺伝の仕組みはまだまだ解明されていない部分が多いというのが正直な感想です。

同じような話ですが、ヒトゲノムのなかに10万種類は存在するだろうと予測されていたタンパク質の設計図（タンパク質をコードするＤＮＡ配列）は、意外にも2万5千種類しかありませんでした。これは単純な植物とあまり変わらない数です。こうなると、やはり何かわかっていないことがあるのではないかと首をひねりたくなりますね。本当にタンパク質だけで、この複雑怪奇な人体をすべてデザインし運営できるのでしょうか？

例えば「記憶する」という作業に関してだけ考えても、かなりの情報を蓄えなければなりません。毎日毎日五感を通して得た様々な情報を覚えている我々の脳細胞は、パソコンやスマホのメモリーとは比較にならないほど多くの情報を貯蔵しなければなりません。その膨大な作業を、たったこれだけのタンパク質で行うことができるのでしょうか？

今後新たな知見が発見されていくのでしょう。人体の仕組みにはまだまだ分かっていないことが多くあるのです。

記憶は遺伝されているか？

さてここまで、物質による遺伝の仕組みについて話してきました。

ここで少しだけ立ち止まって、長い人類の歴史をつなぐ記憶について考えてみたいと思います。

タンパク質などの物質を使って脳のなかにだけ記憶が残されるのならば、脳のなかで記憶を蓄えている物質が、次の世代の受精卵に受け継がれなければ、個体の代替わりの際に記憶が遺伝することはありません。

受精卵のもとになる精細胞や卵細胞は減数分裂という特殊な細胞分裂でつくられますが、減数分裂に脳細胞が関わることはありませんので、記憶に関わる物質が代替わり後の個体に受け継がれるとは思えません。結論として、20万年の人生の記憶が私のなかに残っているのかという疑問をＤＮＡだけで説明するのは難しそうです。

しかし、別の章で考察いたしますが、私たちはどこかで先祖たちとのつながりを感じています。私には、記憶とは呼べない「先祖から伝わってきた想い」のようなものがあると感じられてなりません。ですから、現代の科学ではまだまだ明らかにされていない記憶の仕組みが、どこかに存在するのではと思うのです。

私にはゲノム以外に「見えない遺伝子」があると思えてしかたがありません。

文字や紙が発明される以前、人はどのようにその記憶を後世につたえてきたのでしょうか。

文字の歴史はどんなにさかのぼっても紀元前7千年ほどなので、1万年くらいの歴史しかありません。それ以前の19万年間は、人類の間で文字のない生活が営まれてきたわけです。

その間に記憶の伝承は行われなかったでしょうか?

いいえ、それは口伝えで行われてきました。神話や歌、踊りの形で伝えられてきたのです。人の記憶はあいまいです。伝言ゲームを行うと分かりますが、10人も介すると情報はあっという間におかしくなってしまいます。それでも口伝えでしか記録を残せない人類は、記憶に確実に定着するように、韻を踏んだ言葉を用いたり、音楽に合わせたりしながら情報を伝えました。祭りの時などに大勢集まって踊ったり、歌を歌ったりして頻繁に、また大勢に伝えることで情報が改変されるのを防ぎました。

ラグビーニュージーランド代表の踊る「ハカ」が有名ですが、いろんな民族がその文化や伝統を歌や踊りで伝えています。

20万年近くもそのようにして伝えられてきたものだと考えれば、それらの伝承はどれだけ貴重でしょう。例えば初期の『旧約聖書』はヘブライ語で書かれましたが、それが最初に編纂された時、それまで20万年近く口伝《くでん》されてきた言い伝えを集めてまとめ上げたと考えられます。ノアの箱舟に似た話が、メソポタミアにいたシュメール人の『ギルガメシュ叙事詩』に記載されていることから、口伝されてきた言い伝えが周辺のいろんな場所にも伝わっていたことが分かります。聖書に限らず、『古事記』などの日本の神話やインドの神話、世界中のありとあらゆる神話は同じように、何十万年も口伝されたものをまとめ上げたものだと考えられます。そのように考えるだけで、神話の貴重さを思い、私は胸が熱くなります。古代の方々が、大事なことを必死に子孫に伝えようとしたその想いを感じるからです。

ですから、それらの伝承や文化はそれを継承することだけを目的としてはいけません。そこからメッセージを読み取らなければならないのです。多くの民族が、多くの伝承を残しました。それらは別々のものではないのです。同じ人類がそれぞれ違う環境で探してきたものではありますが、地球星という共通の森羅万象のなかで探してきた、真理（ことわり）についての情報だからです。今の我々にはそれらの情報を集め、分析し共通のメッセージを探す能力があります。先祖の記憶をたどり、探すことができるのです。

私はジャガイモを見ると、1845年のジャガイモ飢饉のことを思い出します。ヨーロッパにおいて新大陸から伝わったジャガイモが、人の食料というより「家畜のエサ」とみなされていた時期、イングランドに統治されていたアイルランド島には、隣のグレートブリテン島に住むイングランド人やスコットランド人の地主に対して地代を払う貧しい小作農が多く住んでいました。地主が小作人と同じ土地に住んでいないことで、土地や住民への愛着が少なかったのでしょうか？　飢饉への対策が的確に行われなかったと言われています。地代の対象とならないジャガイモがアイルランドの方々の主食になっていました。アイルランドにはケルト系の住民が多いことや、当時のイングランド人の多くはイングランド国教会を信仰するなか、アイルランドではカトリック教徒が多かったことも影響しているのでしょう。

非常に貧しいこの地域にジャガイモの伝染病が伝わります。ジャガイモの生産に壊滅的な被害が生じました。主食のジャガイモが採れないのです。5年の間、この飢饉に対する有効な手立てが講じられることはなく、島民の人口は半減したと言います。飢饉の5年間、住民に食べるものがないにも関わらず、アイルランド島から小麦をはじめとした食料の輸出が続けられました。これが飢饉を長引かせ、大量の餓死者の発生につながったのです。

私はこの話を知ったときに「魂を切られるような痛み」を感じました。主食に小麦を食べることが許されない貧しい人たちが、唯一頼りにしていたジャガイモさえも得られない絶望をあたかもそこにいたかのように感じたのです。

不思議ではないですか？　私は東洋に生まれ、宗教的にも民族的にもアイルランドの方とまったく関係を持っていません。当然その場所を訪れたこともありません。でも私は心のなかで、当時のアイルランドの人の苦しい想いを感じることができたのです。

はじめのうちはなぜこのようにこの出来事に心がひかれるのか、イメージが湧いてくるのか、わけがわかりませんでした。

もしかしたら私が感じたのは飢えの記憶なのかもしれません。20万年生きてきた間に、本当につらい飢饉を経験した先祖は間違いなくいました。それらの記憶がよみがえってきた可能性もあります。

いずれにせよ、たとえ私がジャガイモ飢饉を直接経験していなくても、20万年の歴史のなかで同じような理不尽な経験をしているのは間違いありません。

このようにして、物質として遺伝子のなかに残っているはずのない先祖の想いが、それでも私のなかに生き続けている可能性を感じるのです。

今の安楽な生活に慣れた私たちにとって、つらい境遇に共感するのは非常に難しいことですが、やはり映像でロヒンギャやシリア難民の姿を見ると、何か心の深い部分に感じるものがあります。人類はみなどこかでつながっていて、深層意識の底の海のようなところからイメージが湧いてくるのです。それが過去の人生において魂に刻まれた記憶に起因するとすれば、すべての人類は実際に同じ境遇にならなくても、つらい方々に共感できると考えることができます。そう考えると、どこか他人事のようで申し訳なかった心が、少し晴れる気がするのです。

地球上に生きている私たち人類が全員20万年生きてきたと考えれば、今現在の立場や境遇がいいものであっても悪いものであっても、ずっと続いていくわけではないことがわかります。100年の肉体の一生の間ですら、天国と地獄を味わう人がいるくらいですから。今つらい思いをしている方も、何十万年の長い人生のなかで、いずれはいい境遇にもなるはずです。長い時間軸を持つだけで、私たちは物の見方、感じ方を変えることができるのです。

人間とはどのような存在なのか？　歴史的な思い込みを飛び越えて大胆な発想をしてみようではありませんか。その先に、私たちの新しい生き方が見えてくるかもしれません。

時間と存在

2本の松

これまで人類がその始祖から細胞を受け継ぎ、無限につながり、ずっと生き続けている生命体であることを説明してきました。今度は「人類はひとつの生命体である」ということを、時間を使って考えてみます。まず、「時空を超えた網の目状のつながり」について、具体的な例を見ながら考えてみましょう。

左の松の写真をご覧ください。左側に若々しくたくましい枝ぶりも立派な松があり、その右後方にすっかり枯れてしまった松が並んでいます。後方の松は枯れてしまってはいても、幹の太さや樹の高さをみると、どれくらい前か分かりませんが、その樹の壮年期には立派な松であったことがわかります。この並んだ2本の松から、私は強いインスピレーションを受けました。

松は1000年近く生きるものもあると言いますが、この2本の松をみるだけで、この地域に何代も何代も生命をつなぎながら、松が生き続けてきたことがわかります。数千年、いえもっともっと長い期間でしょう。この2本の樹が親子かどうかは分かりませんが、理解しやすくするために、あえて親子であると仮定します。私たちの目には老いた親と若々しい子供が並んで立っているように見えます。今現在の時間で切り取った姿をみていますので、まったく別の個体として見えているわけです。

これからイメージトレーニングをしてみたいと思います。

1000年前くらいからでしょうか？　私たちは同じ場所に立ち同じアングルで毎年その松の写真を撮り続けています。撮り続けた写真を重ねてみることにします。アニメーションのように、古い方からその写真を重ねて見てみましょう。若々しい左側の松は、最初はまったくその存在がありません。同じ写真のなかで枯れた樹のあったあたり、右後方に枝ぶりの立派な松があります。時間の経過とともに立派な松は徐々に徐々に葉を落とし、やせて小さくなっていきます。しかしその衰えた松のすぐ前方には苗木が生え、徐々に徐々に大きくなり枝を伸ばし成長していきます。

古い松の細胞（松ぼっくり）が土に落ち新しい苗木になったとイメージしてみてください。1本の松がゆっくりと新しい松に変化していく姿が見えませんか？　アメーバが分裂して新しい個体を生み出すように、1つの個体が別の個体に変化しながら生き続けています。「現在」という単一の時間で切り取ると、2次元空間で2本の松が別々の個体に見えるのですが、「時間の経過」という別の次元を加えてみると、2本がまったく同じ「松」であったことを理解させてくれるのです。

千枚の連続写真を少しずつずらして重ねてみます。今現在の時空を1000年分向こう側にノシイカのように押し伸ばしていくイメージでみてください。生命は個体を変えながらつながっているのです。

このようにイメージする方法を「時空を超えるレンズ」を使用すると呼びたいと思います。

さあここからが本番です。

あなたのご家庭の家系図を思い浮かべましょう。まずその家系図の名前の部分に、ご存命の方々の姿を浮かべてみます。そしてここで「時空を超えるレンズ」を使います。時間を超えて見ますので、顔が浮かぶご先祖だけではありません。だいぶ前のご先祖まで表れることになります（残念ながら姿を思い出せないことが多いので、あくまでもイメージですが……）。

そして家系図上にある名前と名前をつなぐ直線は、つながれている人同士の生命のつながりです。

どうですか、時間を超えたひとつの生命体が見えてきたでしょう？

さて、さらにイメージを膨らませて、記録に残っていないもっと古い家系図も、心のなかでずっとたどって遡ってみましょう。ずっとずっとたどってみましょう。いろんな家系図とつながりますね。ずっと日本にいたわけではないですから、外国にいた先祖もいらっしゃるでしょうし、有名人もいたでしょう。

いかがですか？　ずっとずっとたどって行けばどうなりますか？　間違いようのないことですが、どのような方でも途切れずに「最初のホモサピエンス」にたどり着かれたと思います。

20万年かけて紡がれた網目状の生命のつながりをイメージしていただけたでしょうか？

「永遠」という時間軸

なぜこのような話をしているのかというと、私たちには将来の出来事をある程度の時間軸でとらえ考察する性質があるのですが、その時間軸を変えるだけで、ものの見え方ががらりと変わることを示したいからです。

今、あなたはどのくらい未来の時間をイメージしながら生活されていますか？　明日の予定、来週の予定、一か月先の原稿の締め切り、数か月後の旅行の段取り、一年後の講演の予定などなど……ですよね。数十年先を見据えて戦略的に考えられる人はまれで、非常に優秀だと言われることもありますが、それ以上先を考えて動く人は変人扱いです。

近年、環境問題で炭酸ガス排出やプラスチックごみの削減など、遠い将来を見据えた議論が行われるようになってきましたが、自分の一生で終わらないような問題について、なかなか人は真剣に議論できないようです。以前ある地域医療のあり方を議論する場で、医療費の財源などの目途がたたず会場全体が重苦しい雰囲気になった時に、「どうせその時は、自分たちは生きてないもんな」と言った人がいて、場が和んだことがありました。

その時は冗談として笑いを誘いましたが、人類の生存に関わるような地球規模の問題では冗談で済まされないこともあります。放射能の問題など、何万年単位で考えなければならない問題を、「自分とは関係ない」という姿勢で扱っては、なんのアイディアも合意も得られないでしょう。

話を戻しますが、この「20万年かけて紡がれた生命のつながり」が分かったところで、一体何の意味があるのかとお思いの方がおられるかもしれません。このまま終わればただの荒唐無稽な話ですね……。

私たちは「私」という存在を「物心がついてから、意識がなくなり死を迎えるまでの１００年弱の期間の存在だ」と思ってきました。しかし、私たちは永遠性のある瞬間瞬間を生きています。つまり永遠の時間のなかで生きているのです。

今まで人類が生きてきた20万年という時間はとても長い時間のようですが、１３７億年の宇宙の歴史から見ると、6万8500分の1にすぎません。感覚としてとらえづらいので、宇宙の歴史を1日24時間の長さに換算すると、人類の歴史はたった1・26秒です。永遠の時間軸で見ればほんの一部、砂粒のようなものです。砂浜のなかの砂粒一粒は確かに存在しますが、全体から見ればあるのかないのかわかりません。今の一瞬の瞬間も、20万年の人類歴史も、途方もない長い時間感覚で見れば同じ瞬間の出来事なのです。

永遠の時間軸のなかで「現在」を生きることができれば、このような思考実験を通して「過去」「現在」「未来」を圧縮して感じ取る感覚をつかめるのではないかと思うのです。

「邯鄲《かんたん》の夢」という物語がありますが、1日で一生分の経験をし、悟りを得ることもできるのです。1日の生活を1000年分の価値を持ったものにできますし、1000年かけて紡いできたことを1日で清算することもできます。私たちは今まで肉体の死ですべて終わってしまうと思いこんでいましたので、遠い過去の時間も未来の時間も自分にはあまり関係がないと思ってきました。しかし「時空を超えるレンズ」を通して見てみると、私という生命体は人類が生まれた時からすでに存在していて、これからもずっと生き続けていくことが分かります。遠い未来の出来事も、私とまったく無関係ではなかったのです。数万年先の人類の問題にとっても、私は当事者なのです。

現在生きている人間だけで話し合っても、真に価値ある議論ができないということを、ギルバート・キース・チェスタトンや柳田國男は「われわれは死者を会議に招かなければならない」と表現しました。彼らは「死者の民主主義」という考え方を提唱しています。それは歴史を紡いできた多くの人の考えや意見も議論に取り入れなければならない、つまり今までの伝統を無視してはならないと説明していますが、彼らの話の流れで考えれば、これからの未来の人のことも考えるべきでしょう。

歴史を左右するような決定をする時に、目の前の出来事に縛られている「現在の人」だけで議論しては、正しい結論が得られないという考えに私は大いに同意します。

私たちは「永遠」という視点を持って、議論をしなければならないのです。

これまでお話ししてきた内容が、もしかしたらこの有名なセリフの解釈に関係しているかもしれません。

『新約聖書』から引用いたします。


「はっきり言っておく。わたしの言葉を守るなら、その人は決して死ぬことがない。」（中略）「あなたたちの父アブラハムは、わたしの日を見るのを楽しみにしていた。そして、それを見て、喜んだのである。」ユダヤ人たちが、「あなたは、まだ五十歳にもならないのに、アブラハムを見たのか」と言うと、イエスは言われた。「はっきり言っておく。アブラハムが生まれる前から、『わたしはある。』」すると、ユダヤ人たちは、石を取り上げ、イエスに投げつけようとした。

（『新約聖書』「ヨハネによる福音書」第8章51－59）


アブラハムはイスラエル民族の始祖とされる人です。イエスの時代より数千年も前に生きていました。ですから、イエスの時代の人から見れば、イエスがそのアブラハムより前からあると言われても、まったく意味が分からなかったのです。イエスのこの有名なセリフは、解釈が難しく長い間議論の対象になってきました。

イエスが我々とまったく違う時間軸を持って、ものを見ていたと考えれば、この言葉の意味が見える気がしませんか？

生命のつながり

ひとつの生命体としての人類

これまでの話を読んで、自分の代で血統がとぎれてしまえば、自分の生命は未来へつながっていかないと思われたかもしれません。また子宝に恵まれなかった方や早世された方を思い浮かべ、彼らには希望がないのかと思われたでしょう。そんなことはありません。もう少し具体的に考えてみます。

これまで「時空を超えるレンズ」を使って見えるようになった人類の姿、すなわち網の目のようにつながった「ひとつの生命体としての人類」について話してきました。

しかし、頭では理解できてもまだ感覚的にイメージしづらいと思います。五体を持つ人間の姿とあまりにもかけ離れているからです。また、すでに他界された方と現在生活している私は存在する時空が異なり、3次元的に一緒に存在することがありません。ですからそのままではひとつの生命体としてのイメージが持ちづらいのです。「ひとつの生命体としての人類」という概念を理解するためには、レンズを使って時空のつながりをイメージするしかありません。

今後の話が分かりやすくなるように、私の持っている視覚的なイメージを紹介いたしましょう。

宇宙空間にゼリー状のスライムのようなものが無限に網の目状につながっている感じです。そのようなイメージ図を思い浮かべながら、この先のお話についてきていただければと思います。

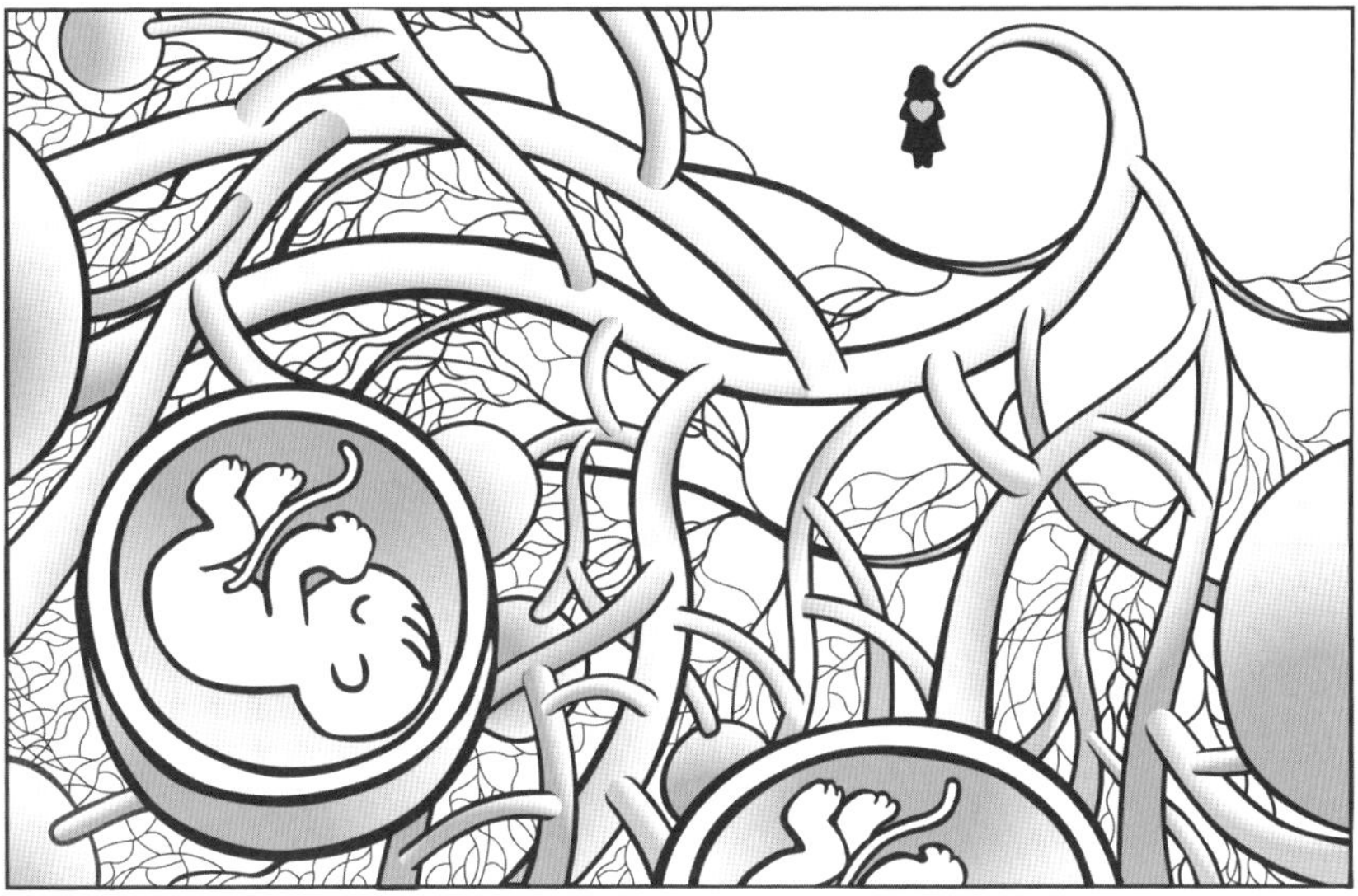

少しずつ慣れていただきましょう。そのスライム状の足の先にそれぞれ現在の70億人が生きています。そのスライムのなかは自由に移動できると考えてみてください。まずいくつかのケースについて考えてみます。

ふっと私の娘のことをイメージしてみました。私はもうスライムのなかを移動して娘のなかにいます。不思議とひとつになる感覚があります。娘が私のことを嫌がっていないせいでしょうか、そういうイメージはすっとできます。これは私がいたスライムの足から娘のいるスライムの足の先に移動したイメージです。スムーズにこのようなイメージができますので、私は肉体が死んだ後にも実際に移動して娘のなかに入って生きることができると思います。きっと彼女が肉体を持っている間は、娘のなかでともに生きていけることでしょう。

次に他界した父のことをイメージしてみました。生前は確執もありましたが、今では自然と父の存在を私のなかに受け入れることができます。不思議と父から嫌がられるような、怒られるようなイメージは湧きません。他界してから父が変化したのでしょうか？　それとも私がその後変化したのでしょうか？　なんとなく、ともに歩む仲間のようなそんな感覚です。すでに閉じてしまった父のスライムの足ですが、生命のつながりを通してすっと私のなかに移動してきます。たまに夢に父が出てくるのはそういうことなのかもしれません。

同じように、今まで会ったこともない遠い先祖に思いを馳せてみます。同じです。長い長いスライムの腕を伝わり一瞬で先祖が私のなかに入ってきます。同じような境遇や職業を持っていた過去の方も移動してこられるのでしょう。このようにしてたくさんの方々が私のなかにいて助けてくださっているのです。

もし私の娘に子供が生まれなければどうなるのでしょうか？　もし私だったら、スライムの流れが止まってしまって、どこにも移動できなくなってしまうのでしょうか？　もし私だったら、網の目を適当にさかのぼり、現代まで続きのある枝への分岐点をさがして、そこから新しい枝に移ってふたたび3次元世界に移動することでしょう。

私たちは「過去」「現在」「未来」の人類全体をひとつの生命体のつながりだとイメージすることで、直接の子孫が生まれなくても、なんの心配もいらないということです。

これは時空を「重ね合わせ」た感覚を持って生きることと同じです。

私たちは「現在」を3次元世界で生きながら、「過去」「未来」も同時に生きるのです。子孫も私たちと同じように時間が経てば老いて肉体を失いますが、古い服を脱いで新しい服に着替えるように、私たちは次の新しい子孫の肉体に移動し、ずっと生きていくのです。

事故にあったり病気になったりして幼いまま他界された方も、同じような境遇の人をさがして、その人と一体となり一緒に成長していくのです。生前できなかったことがあったとしても、私たちには無限にチャンスがあると言えるのです。

歴史を通して無念の死を遂げられた方がどれだけいたかわかりませんが、人類全体を「ひとつの生命体」と考え永遠に生きるイメージを持って生きることができれば、どれだけ救われるでしょうか。ですから、無念の死を遂げた近親者がいたとしても絶望する必要はないのです。

輪廻転生

では、生まれ変わり（転生）についてはどう考えたらいいのでしょうか？

チベット仏教での生まれ変わりの思想は有名です。ダライ・ラマやパンチェン・ラマは何代も何代も生まれ変わり現在に至っているとされています。たとえばダライ・ラマは現在14世ですが、もし他界されれば転生すると言われています。そして、どの子供に転生したか普通の人にはわからないので、チベット仏教の指導者たちが、生まれたタイミングなどを考慮して転生した「子供のダライ・ラマ」を探すのです。そうやって14世紀に生きた偉大な知恵者、初代ダライ・ラマは、転生を繰り返しながら現在まで生き続けていると信じられているのです。ちなみにダライ・ラマとパンチェン・ラマは両方とも、チベット仏教ゲルク派の開祖、ツォンカパの弟子です。

一般に「この子は◯◯の生まれ変わりではないか」という言葉はよく耳にします。

私は生まれた時に頭の形が母方の曽祖父に似ていると指摘され、曽祖父の生まれ変わりではないかと言われていました。同じように事業家として成功してほしいという願いが込められていたのでしょうが、残念ながら曽祖父が夢に出てきたことはありませんし、写真でその姿を見たことがあるくらいで、あまり存在を近くに感じたことはありません。子孫がいくら希望しても、思い通りに転生が行われるわけではなさそうです。

さて、生まれ変わりという考え方は輪廻転生の思想から発生しています。輪廻転生の思想においては肉体がなくなると、すぐに別の生命に生まれ変わります。普通の人は、次は虫になるのかトカゲになるのかわかりませんが、高く徳を積んだダライ・ラマは転生先を指定して、人間に生まれ続けられるというのです。修行をしたことがないような普通の人には無理な話ですが……。しかし、今まで説明してきた「ひとつの生命体としての人類」の概念から言えば、この転生の思想は真理の一面を表しているかもしれません。

私はこう考えます。どんな人も肉体を失ってしまえば、この世でやり残した仕事や人間としての成長、罪の清算ができなくなってしまいます。ですので、子孫を頼るしかありません。網の目の生命体をたどり、自分と同調できる子孫を探して見つけるとその子孫と一体となって生き、そのやり残したことを果たすしかないのです。何代目であってもダライ・ラマとして生きた人は、自分と同じ思想の下で成長し、ダライ・ラマとして生活している子孫とはものすごく同調しやすいはずです。さらにその新しいダライ・ラマに同行し生き続ければ、それは転生したのと同じ結果になります。この理屈で言えば、現在のパンチェン・ラマは中国共産党の指示下にあると言われていますが、パンチェン・ラマとして転生（祖先が子孫と同行）できるかどうかは、新たなパンチェン・ラマがちゃんとしたチベット仏教者としての、そしてパンチェン・ラマとしての思想や生き方を相続できているかどうかで決まることでしょう。

もし相続できていなければ歴代のパンチェン・ラマはその新しいパンチェン・ラマとは同調できず、結果として転生はされません。転生するかどうかは子孫が決めるのではなく、転生する本人が決めることだからです。

直接血のつながりがあったり、そうでなくても同じ宗教や民族性をもつ子孫がいれば同調しやすくなると思われます。私が子孫のだれかと同行しているときに、生前の私を知っている人がその子孫を見れば、私にそっくりだということでしょう。具体的な記憶を受け継げなくても、人間には「同調する過去の人」が子孫の人生に同行してくれる仕組みがあると私は考えます。守護神とか背後霊とかいろんな言い方がされますが、過去の方と人生を同行できる仕組みがあるとすれば、同じことを表現しているのではないでしょうか？

素敵ではないですか？　なにか閃いたときに、実は先祖からアドバイスをもらっていたり、判断に迷ったときに後押ししてもらっていたり、自分と同調する過去の方が近くにいると考えればどれほど心強いでしょうか。

もちろんいいことばかりではありません。罪の清算といいましたが、生きている間に取り返しのつかない失敗をした先祖もいるでしょう。そのような人は、生きている間に清算できなかったことを清算しなければなりません。私がもしそのような清算をすべき立場にあれば、同じ立場の先祖が喜んで同行するでしょう。そして、一緒に清算できるようセッティングするに違いありません。理不尽に不幸な出来事が重なったりする場合は、そのような先祖のセッティングが原因の場合があり得ます。乗り越えられないような結婚生活、嫁姑の確執、事業の失敗、ありとあらゆる試練が私に清算をせまってきます。それは私自身の問題でもあり、先祖の問題でもあるわけです。同じような人との結婚離婚を繰り返したりして、同じパターンの試練を繰り返し受ける方もおられるでしょう。だからといって除霊してもらったりして先祖を引きはがそうと思っても意味がありません。なぜなら、私自身に清算を行うべき根本的理由があるはずだからです。先祖はその精算に便乗しているだけなのです。私は自分のなかの問題を乗り越えて自分で自分を清算させていくしかありません。自分から進んで修行したり、他人に施しをしたりして自分のなかのこだわり、執着などを乗り越えるしかないのです。

どの子孫と同行するかは先祖が決めることなのですが、先祖の立場から考えると誰と同行するかは自由自在ではありません。私が先祖になった時に、どのような子孫とでも同行できるわけではないのです。それはスライムのなかが肉体のない世界だからです。

スライムのなかでは、3次元の肉体に縛られないので、心と心が直接出会ってしまいます。現在の生活を思い浮かべればすぐわかりますが、私たちには本音と建前があります。本音だけで生きていきたいとは思いますが、心のなかにはいい思いも悪い思いもありますから、それらがすべて公表されてしまったら、社会生活に支障が出てしまいます。お客さんにいちいち感情のまま本音を言っていたら、商売は成り立ちませんよね。3次元の肉体を使用して、建前の表情、挨拶、言動を行うことで、心が見えないようにしているのです。

また、頭のなかが整理できていない人や言語表現が苦手な人もいるでしょう。肉体を持つ者同士がコミュニケーションをとることは大変難しく、誤解が生じやすいものなのです。ですから思うことをその場ですべて言ってしまってはいけません。

しかし、肉体を介さずに出会うことになれば、コミュニケーション能力に関係なく自分の本質が一瞬にして相手にわかることになります。心が合わない人は磁石の同じ極同士のように反発しあい、出会うこともできないでしょう。肉体を持っていた時には話をすることはできたのに、心の世界ではそれが難しくなってしまいます。だからこそ、3次元世界である「現在」、清算するしかないとも言えるのですが。

時空を超越した心の世界においては、3次元世界での成功体験は意味をなしません。3次元世界の物質をいくら持っていても、心を飾ることはできないのです。そしてそこでは、3次元世界で見ることのできなかった人の心を直接見ることになります。心の実力とでもいうのでしょうか、心がとんでもなく美しい人に出会えば、おそらく自分が恥ずかしくなって、まともに美しい心を見ることができないのではないかと思います。ですから、どんなに優れた子孫がいても、私がその人に見合うほど成長できていなければ、同行どころか出会うことすらできないのです。

「先祖になる」という自覚

最後に、この「網の目のようなひとつの生命体」のなかでの生き方について整理してみます。

私たちは3次元の肉体を持って「現在」を生きていますが、事故や病気で早世したとしても、自分と同調できる子孫を探して同行し、ともに成長することができます。自分の果たせなかった使命や清算すべき失敗も子孫と一緒に成し遂げることができます。そのチャンスは無限にあると言ってもいいでしょう。

また肉体を持っている間には存在しなかった技術が開発されて、今後は遠い星にも行けるようになるかもしれません。同行する子孫が思いもしなかった職業に就き、とても経験できなかったような体験ができるかもしれません。子孫と同行することは多くの楽しみも伴うというわけです。石器時代に生きた祖先は私に同行しながら、目を白黒させているかもしれませんね。

しかし油断しないでください。自分が同行できるのは、あくまでも「自分が同調できる子孫」です。言い換えれば、自分と同じ失敗を起こしそうな人です。成功する確率は少なく、ハラハラしながらその人生を見つめることになるでしょう。何度も何度もそのような人生を繰り返しながら、それでも超えられなかった自分の壁を少しでも乗り越えていくしかないのです。

古来、人類はそのような仕組みに気づき、命名を通して転生を願ってきました。冒頭にご紹介したダライ・ラマの例は素晴らしい実例ですが、日本においては「名跡《みょうせき》を継ぐ」という方法がいくつかの分野で使用されています。歌舞伎や落語など芸を通して道を究めようという人たちは、成功者の名前を受け継ぎます。

実は医者の世界にもそのようなことがあります。世界的にも、アレキサンダー大王などの英雄やキリスト教の聖人の名前を受け継ぐケースが多くあります。それらの行為の背景には、転生を願う意図が隠されていたのではないでしょうか。

しかし子孫の視点で素晴らしい人物に同行してもらいたいと思うだけでは不十分だったのです。

ダライ・ラマのケースのように、自分が先祖になるという視点で準備する必要があります。つまり貴重な「現在」を生活しながら、先祖のために、そして何よりも将来の自分のために、心の面での鍛錬をしていく必要があったのです。

私はまだこの世界の価値をほとんど知りません。たとえば、植物や動物の生態に関してほとんど興味をもっていなかったので、花や野菜、動物の名前を正確に答えることができません。勉強してもさっぱり頭に入ってこないのです。しかし私の妻は花が大好きでフラワーアレンジメントをさせたら、一日中でもやっています。今は華道を習っていますが、その勉強しようという意欲は終わりがありません。娘は動物です。テレビを観ていると、初めて観るような動物のことでも、ほとんどの動物に関してスラスラと解説してくれます。

世のなかにはいろんな分野や仕事があって、世界中の人が一生懸命生きていますが、１００年足らずの人生ですべての価値を知ることはとてもできません。しかし子孫を通して多くを体験することができるなら、それはこの世界の価値を広く、そして深く知ることにつながることでしょう。そのうち私にも、ただの葉っぱに見えているものが、とても美しく価値があるものに見える日がくるのかもしれません。

20万年の時を経て未だに私は生きています。人類始祖から私に至るまでずっとつながってきたこの「人類という生命体」は、一か所も途切れずに続いてきました。一か所もです。たった一人の先祖でも欠けてしまったら、私は存在することができません。どんなにどうしようもない人が先祖にいたとしても、その先祖をどうしようもないと感じられる私に至るまで、たくさんの先祖の方々はどうしようもない部分を、反省し清算しながら乗り越えてきたのです。

文明についてもそうです。たくさんの苦労された先祖がいたからこそ、私たちは優れた文明社会のなかで安楽に生活できるのです。

麦が最初からあのような姿だったと思いますか？　現在の麦の穂のつくりは、麦の「子孫を増やす」という観点で見れば、きわめて非効率です。もともとは遠くに種を飛ばす品種で、周囲にバラバラに実が落ちていました。麦からすればそれでよかったのですが、人類にとってはそうではありませんでした。食料になることがわかると、バラバラに落ちているのを拾い集めるのでは回収効率がよくありません。そこで一年草の麦を何世代、何十世代、何百世代と品種改良を重ね、実を一度にたくさん回収できるようにしたのです。すべての野菜や果物も、そうやって先祖の方々が苦労して作ってきたものです。野生種からは想像もつかないような、おいしく、美しく、たくさん収穫できる作物を作ってこられました。家畜も住居も交通手段もすべてそのようにして、先祖の方々が苦労を重ねてくださったものです。

それらの成果は、現代に生活する私たちがゼロから作り上げたものではありませんが、「人類というひとつの生命体」が長い年月をかけて作り上げたものですから、先祖の方々とともに享受するべきなのです。

先祖とわたしの関係

「世界」と「個」の分断

まず最近の世のなかについて考えてみましょう。

現代世界は「分断」されているとよく言われます。

「分断」というのは境界を作って何かを分けてしまうことですね。「分断」が進むまでの世界はEU統合に象徴されるように、世界的な協調を目指す世界でした。しかし、実際にグローバル化が進展し変化が根づきつつあったものが、その反動で自国中心主義の世界に逆戻りしているように見えます。

世界大戦後の世界というのは、冷戦の下ではありましたが、もう二度と戦争にまきこまれたくないという世界共通の雰囲気みたいなものがあって、なんとなくみんなが外国の人とも仲良くしようとしていたように思います。ですから徐々に外国との往来も活発になって、交通網や流通網が発達していきました。しかしそのスピードはとてもゆっくりで、私の知らないところで少しずつ世のなかが変化していく感じでした。

しかし、そんななかでインターネットの技術が開発され世界に広まりました。一瞬でお金が国境を超えて移動できるようになり、地球の反対側の情報がリアルタイムに確認できるようになってしまいました。実際にグローバル化が加速し始めたのです。インターネットが普及し始めた頃、自宅の電話回線を使って、ものすごい時間をかけてホームページを見た記憶があります。しかしいつのまにか世界中が競うように通信技術を進歩させ、私を含めた周囲の環境や社会をものすごいスピードで変化させ始めました。

グローバル化が進むと、仕事は人件費の安い場所にどんどん移動していきます。そのスピードがとても速いのです。昔の日本では終身雇用が当たり前で、何かひとつの技術を究めれば、なんとかその人の世代くらいは食べていけたものですが、今は変化が速すぎて昔の知識や技術にかじりついていられません。

グローバル化が進むなかで、世界中で新たなチャンスをみつけ、希望を見つけられるようになった人は多くいましたが、逆に仕事を失った人、先行きの見えなくなった人もたくさんいました。そんな世界に、自国中心主義を唱えるリーダーがたくさん現れるようになったのです。国境を閉じて、人や物の交流をストップさせ仕事が外国に流れていくのをやめさせる、そして国民を元の状態に戻してあげると彼らは訴えます。

最初は多くの人が、自国中心主義が現実になるとは本気で思っていませんでした。アメリカのトランプ前大統領がどんなに過激な行動をとったとしても、世界は簡単に「分断」されないと思っていたのです。

しかしどんなに批判されても、それらの自国中心主義のリーダーたちは簡単に勢いを失いませんでした。思ったよりも彼らを支持する人たちがたくさんいたのです。そしてトランプ前大統領を支持する人たちはこれまで考えられなかった前代未聞の行動をとりました。2021年1月6日、トランプ前大統領の支持者たちは、彼が敗けた大統領選挙の結果を受け入れず、バイデン大統領の就任を正式決定しようとアメリカ合衆国議会が開かれていた議事堂に乱入したのです。彼らは民主主義の前提である選挙結果をも力で変更しようとしたのです。彼らの行動には今までにない特徴があります。マスコミを不信しその発信する情報を見もしないのです。そしてトランプ前大統領だけが真実を言っていると信じ、行動まで起こしてしまいます。私は彼らの行動をみていて、インターネット社会の負の部分が現れていると感じました。

スマホという高性能なコンピュータを一人一台持つようになり、世界中の人が一日の多くの時間、スマホを見ながら生活するようになりました。それまでのスマホが普及する前の世界では、マスコミの代表であるテレビが万人向けの情報を一方的に流し、人々はその情報を受動的に受け取っていました。しかしスマホを中心に生活し、テレビをあまり見ない人たちはインターネット上に溢れる膨大な情報のなかから、自分の好みに合う情報だけを抽出してみるようになっていったのです。能動的に自分で情報を選んでいるつもりでも、いつのまにか自分が共感できる情報や考えだけをみるようになり、もしくは自分が共感できる人の意見ばかりを聞くようになってしまいました。このような行動は、自分自身を社会から「分断」する行為にほかなりません。

実は、私たちは国境で物理的に「分断」されているばかりではなく、いつのまにか個人個人が他人とのつながりを「分断」されていたのです。

そして同時にそのような世界をコロナウイルスのパンデミックが覆っています。感染防止のために、さらに私たちは移動や外出を制限されるようになりました。他人と交流する機会が極端に減少し、私たちがインターネットに接する時間はもっと増えました。以前よりももっと個人が他人から隔離され、個人の「分断」が加速しているのです。

ものごとをまず自分でよく考えるのはとても良いことですが、それを他人と話し合うことなく、さらに一人で考える時間だけが増えると、自分中心にものを見るようになり、独りよがりになりがちです。気をつけなければ、そのような個人同士が摩擦を起こし、険悪な世のなかになっていくことでしょう。

最近の日本では政治家が職権を乱用したとか、誰かが隠れて飲食したとか、以前であれば問題にならなかったようなことでも大騒ぎになります。浮気や軽犯罪でも、またちょっとした失言でも有名人がニュースになろうものならその人のＳＮＳは炎上し、考えられないような罵詈雑言が書き込まれます。中傷を受けて自殺する人までいるのです。

これらの現象をみると、他人を傷つけることで、ストレスを発散している人の姿が見えるようです。

私たち人間は、もともと他人を攻撃するようにできている存在なのでしょうか？

どうしてこれほどまでに、人間関係に問題が起きてしまうのでしょうか？


今まで見てきたように、私たち人間は個人個体に限定された、分断された存在ではありません。連綿と生きてきた先祖とつながった生命です。私という個人がすべてを感じ、考え、選択し、行動していると考えがちですが、実は私たちの意思には、私と共に存在している先祖たちの想いが影響しています。私は常に他人と仲良くしながら平安に生きていきたいのに、なぜ他人からこんなにひどい目に遭わされなければならないのか、逆になぜ私はこのように他人に対して嫉妬し、怒り、他人を攻撃せずにはいられないのか。

それは私がすでに20万年もの間先祖の身体を通して生きてきて、積もり積もった因縁を持っているからだといえます。覚えていないだけで、私は何度も何度も結婚してきました。そして何度も何度も子育てをしてきました。親でもあり、子でもあったのです。また驚くべきことに、男でも女でもありました。夫でもあり妻でもあったのです。そして数えきれないほど他人と争ってきました。だからこそ、その先祖たちの人生で解決しきれなかった多くの問題は、先祖たちと共に私のなかに同居しています。

現在の周囲の環境だけを整理して、私自身の問題の解決をしようとしてもうまくいかなかったのは、このような理由からだったのです。私だけが努力して解決しようとしても、そうはできないようになっているのです。実はすべての長い長い人生の清算をしなければ、「私の問題」は解決できないのです。

歴史は征服・略奪・殺人に満ちている

人間というものは誰でも、なんとか正しく生きよう、美しく生きようと思うものですが、心とは裏腹に自分でも醜いと思う所業をしてしまうものです。盗みや裏切り、性犯罪や殺人に至るまで人の犯しうる犯罪は、誰もが心のなかでよくないことだと忌み嫌い、犯したくはないと思っているものですが、それでもどの国にも刑法があり、刑務所が存在していますので、罪を犯す人は間違いなく存在します。刑法にかからないまでも、自分の良心に照らしてみて恥ずかしいと感じる行為はどなたの記憶にもあることでしょう。

それらの事情は、私だけではなく、両親を含め、私たちの先祖すべてに当てはまることです。私たちはまず、先祖の人生のなかで起きた出来事について具体的に知らなければなりません。歴史は先祖にとってはまさに生きた現実であり、それが記録されたものです。それは先祖と生命を共有している私たちの人生でもあったのです。

チンギス・ハン（1162－1227）は第一夫人であるボルテを生涯大切にしたことで有名です。チンギス・ハンの帝国はいくつかに分裂しますが、100人以上いた子供のなかでボルテの生んだ子どもしかそれぞれの国の開祖にはなっていません。

その大事な奥さんと結婚した時のことです。家庭を持ったのもつかの間、チンギスはメルキト族にボルテを奪われてしまいました。彼は必死にボルテを取り戻します。しかし取り戻したボルテが帰ってきたときにはすでに身ごもった状態でした。彼は長男をジュチ（旅人）と名づけます。そのようなことがあってもボルテをそのまま受け入れ大事にし続けたチンギス・ハンは大した男だと思いますが、世界最大の帝国を造ったチンギス・ハンでさえ、そのような目にあっているのです。この例でもわかるように、中央アジアの遊牧民の間で略奪は当たり前でした。そしてこの略奪をすることが当たり前の人々は、古くからインドや中国、メソポタミアやヨーロッパに災害のように大挙して侵入し、略奪の限りを尽くしました。遊牧民だけでなく、ノルウェーの海賊や倭寇など、記録に残ってるだけでも人類には多くの略奪の歴史があります。

殺人を含め「暴力」は人の犯罪行為の最たるものですが、もっとひどい犯罪行為は人間の価値を無視することです。そのような意味でつらい歴史ですが、奴隷貿易のことを書かずにはいられません。

もちろん、古代ギリシャの時代から奴隷は当たり前の存在ではありましたが、近代に入り貨幣経済が発達するなかで大っぴらに行われた黒人奴隷の貿易は、その規模の大きさから言っても私たちの良心に訴えかける出来事でした。２０２０年アメリカで起きた白人警官による黒人男性の暴行死事件をきっかけに、イギリスで人種差別に対する抗議デモが発生し、ブリストルの中心部にあった奴隷商人コルストンの像が引き倒され、海に投げ捨てられました。コルストンは奴隷貿易で財を成し、その富で学校や教会に財政支援を行っていたことから、同市の発展に寄与したとされていた人物です。コルストンは子ども1万2千人を含む8万4千人以上を奴隷としてアメリカに売却し、このうち1万9千人が船上で死亡したといいます。奴隷船では人が家畜のように船に積み込まれました。トイレに行くことは最初から想定されず、劣悪な衛生環境で亡くなった人はそのまま海に流されました。船が難破でもしようものなら、言葉を持ち感情もある人間なのに、鎖につなげたまま助け出すこともしませんでした。この時期に黒人奴隷は「黒いダイヤ」と呼ばれ、アフリカ大陸からの奴隷が枯渇するほどに大量に売られていったのです。黒人奴隷たちは肉体的な苦労もさることながら、彼らの先祖に関する記憶も歴史も伝統も奪われてしまいました。

ローマ帝国ができたときも、中国やインドで覇権が争われた時も、世界中あらゆる時代、あらゆる場所で国が征服されたときは、敗戦国の民は奴隷としての憂き目にあってきました。それは同時に征服者として、同じ人間である被征服民に対してその価値を無視してきた人たちがいたということでもあります。

歴史のなかで子孫をたくさん残したのはどのような人たちでしょうか?

もちろん、力が強く、征服し略奪してきた人たちです。そして、私たちはその子孫なのですから、私たちが先祖をたどっていけば、目をそむけたくなるような犯罪の渦をみることになるのです。

罪を犯した人間は、その事実をすぐに忘れますが、罪がなくなったわけではありません。忘れたまま死んでしまえば何もなくなるから大丈夫と思っている方は多いですが、そうでなかったらどうするんですか? 死んですべてがチャラになるわけではないのです。

罪を犯した先祖は、奪った権力や財力を「心」に装着することはできません。博物館で見ることができるのは、装着できなかった宝物の「成れの果て」なのです。肉体を失った後は、むき出しの心をさらしながら生き続けなければならないのです。心と心で直接他人と出会うと、すべてが一瞬で見透かされますから、刻まれた罪が恥ずかしくていたたまれなくなります。死ぬほど恥ずかしいのに、心は死ぬことがないので、その状態のままです。ずーっとです。そんな状態ですから、他人から愛されることもありません。肉体を失ったことで罪が消えるわけではないのです。逆に肉体を失ってしまうと、謝罪も思うようにできませんから、自力では罪の清算ができません。たくさん持っていたはずの略奪品は肉体と一緒に消えてなくなっています。

しかし人類のスライムのなかに、むきだしの心はずっと残されるのです。他人に見せることもできないような、自分の醜い心をさらしながらさまようしかないのです。

人は血気にはやると、とんでもなく愚かな行為を行います。

ロシアのイワン雷帝はあまりの気性の激しさからひとつの逸話を残しています。ある日跡継ぎである皇太子の妊娠中の妃を目に留めた雷帝は、妊婦の服がしきたり通りにきちっとしていないと急に腹を立てました。妊娠中なのですからおおめに見てあげればいいのですが、そのことで皇太子と言い合いになり激昂して皇太子を殴り殺してしまいました。血気に我を忘れた雷帝は、愛する息子をその手にかけてしまったのです。どれほど後悔したでしょうか？

アレキサンダー大王はペルシアとの緒戦で実は負けそうになったことがあります。このグラニコス川の戦いで、アレキサンダー大王の背後に迫った敵を親友で部下のクレイトスが退け、大王はあやうく命を救われました。大王はもともと部下を大切にする気質を持っていましたから、クレイトスに非常に感謝していたといいます。しかし、後に大王が酒宴でクレイトスと言い合いになり、酔った大王は槍でクレイトスを突き殺してしまいました。大王はその後3日3晩後悔し慟哭したといいます。

このように人間は本能を制御できないことで、多くの罪を犯してきました。倫理基準の低い時代は、それが犯罪であると気づくことすらなかったかもしれません。しかし人間には良心があります。そして良心の呵責にさいなまれることで、自分が他人を傷つけたことに気づき、そして自分の行動を反省することができるのです。そのような良心の働きが少しずつ、人権を守る世界を形作ってきたともいえるかもしれません。

罪の精算

以上見てきたように、我々には例外なく、とても許容できないような行為を行った人たちの血が流れています。いえその細胞を持っているということです。まずはそのことを知らなければなりません。

自分は生涯をかけて一切そのような犯罪行為とは無縁だと主張する人はいるでしょう。しかしそんな人であっても、先祖の行ってきたことと無縁ではないといいたいのです。私たちのからだのなかには、抜くことのできない泥棒の血、殺人者の血、裏切り者の血が入っているのです。いえ、先祖と言ってしまうと他人事のような響きがあります。つながった生命として、もっと強い言い方で表現します。

「私が犯罪行為を行ってきた」と思わなければならないのです。

だからこそ、他人を攻撃する権利は誰にもないのです。どんな悪人がいたとしても、赦せない人がいたとしても、その人を打つ前に一瞬でいいので振り返らなければなりません。自分とつながった生命体である先祖が、悪事や愚かな行為を行ってきたことを……。

このような救いようもない罪を犯した先祖が罪の清算をしたいと思えば、どうすることができるでしょうか？　肉体を持っていれば刑務所に入ったり、いろいろな罰を受けることもできるでしょう。そうして懺悔した後に、傷つけた人を慰労したり、奪ったものに利子をつけて返還したりして謝罪することもできるでしょう。しかし残念なことに肉体がないのです。ですから、子孫でしかも肉体を持っている私を通して、罰を受けたり、謝罪をしたりしようとします。理不尽に事故にあったり、財産を失ったり、ひどい目にあうのは先祖のそのような因縁と深い関係があったのです。私のなかに生じる、泥棒の根性や裏切りの根性はこういう先祖の品性と同調します。同調すればそのような先祖が私に集まってくるのです。この現象はこのように言い換えることもできます。私が早くそのような根性を克服してコントロールできるようにならないと、いつまでも先祖の罪の清算につき合わされることになると。

もっと悪い場合についても考えてみます。もし自分が犯罪行為を行うようになってしまったらどうなるでしょうか。当然、他人を傷つけることに心の抵抗が薄くなって麻痺していきます。そういう人にはどのような先祖が同調するでしょうか。反省や後悔すらしない犯罪者達です。あなたの心を見ても彼らが恥ずかしくないからです。このような先祖たちは反省すらしないので、もっと性質が悪く、子孫の肉体を使って自分の欲求を満たそうとだけします。子孫がどうなろうと知ったことではないのです。

こんな先祖が自分のなかに集まり、自分の心に影響を与え続けるとしたらどうですか？　生活はめちゃくちゃになり、自分を見失ってしまうでしょう。そのような状態はどれほど苦しいでしょう。

しかしよく考えてみてください。そのような先祖を呼び寄せた原因は自分にあるのです。自分が変わるしか、苦しみから抜け出す方法がないことがよくわかるはずです。

仏教用語に六道というものがあります。輪廻転生して生まれる世界に種類があるという話ですが、「天道」「人間道」「修羅道」「畜生道」「餓鬼道」「地獄道」の6つです。今までお話しした先祖の姿を理解するのに役立ちますので、ご紹介します。正式な解釈ではなく、私なりに解釈したものをお示しいたします。

あくまでも「私の考えの六道」です。

「畜生道」とは何かと考えてみました。畜生とは家畜のことです。牛をイメージしていただきたいのですが、人間に従順で、何も言わなければ日がな一日草を食べています。この家畜に象徴されるような人間の姿とはどのようなものでしょうか？　簡単に言えば「指示待ち族」です。特に悪さはしませんが、自分で考えることはせずぼーっと毎日を過ごしています。ただただ環境が変わるのを待ち続ける人生です。

「餓鬼道」にいる人はむさぼる人です。食事をするときに感謝の思いもなく、ただただ口にほおばっていく人です。食欲だけでなく本能で感じた欲求すべてを飽きることなく満たそうとして頭がいっぱいの人です。このような人は、自分中心にしかものを考えず、犯罪を犯しやすいといえます。

「修羅道」にいる人は常に戦っています。修羅という言葉にいいイメージを持つ方もおられると思いますが、修羅にはビジネスの世界で成功している人が多くいます。ただし、修羅の価値観は「見える世界」だけです。戦いに勝ち続けないと心が休まりません。どの分野であれ成功者としての絶頂を目指し続けます。努力し、技術を磨き続けることはとても大事なことですが、それは手段であって目的ではないことに気づかないと苦しい人生がずっと続きます。肉体が衰えて人生のピークが過ぎてしまうと、競争ばかりで生きてきた人は生きがいを失ってしまうでしょう。その後の人生に希望が見出せません。そうなって初めて、世のなかの役に立つにはどうすればいいかと考えだす人が多いように思います。

「人間道」にいるのは、人間のあり方、人生の目的を見つけた人です。目の前に見える栄華に心をとらわれず、ひたすら心を磨く修道者です。

「地獄道」にいるのは、自分の良心を無視して、自分を見失い、過ちと苦しみのループから抜けられない人です。よほどの思いをしなければ、ここから抜け出すことはできません。

「天道」にいるのは、悟りを開いた人です。何事にも動じず、永遠の時間軸でものを考えられる人です。

ご自分はどの世界におられますか？　おそらくあなたと同じ世界に生きて、死んだあなたに同調できる先祖が、たくさんあなたに同行されているはずです。

3次元世界の面白いところは、心の世界では絶対に会うはずのない違う世界の住人が、同じ社会のなかで同居していることです。「人間道」の住人が普通に「餓鬼道」の人に挨拶するのです。「餓鬼道」の人でも、望めば「人間道」の人の教えを受けることができるのです。

ですから肉体を持っている時期というのは、もっと上位の世界に移動することを可能にする、本当に貴重な時間だと考えることができます。

いかに生きるか

この「肉体」を脱ぎ捨てる時

まず最初にR・タゴールの詩を引用いたします。


おお、死よ、わたしの死よ、生を最後に完成させるものよ、来ておくれ、わたしに囁きかけておくれ！

来る日も、来る日も、わたしは　おまえを待ちうけてきた――おまえのために　人生の喜びにも痛みにも　わたしは　じっと耐えてきた。

わたしの存在　所有　望み　愛――すべてが、秘かな深みで　たえずおまえに向かって流れていた。最後に　ひとたびおまえが目くばせすれば、わたしの生命は　永遠におまえのものになるだろう。

花は編まれ、花婿を迎える花輪の用意もととのった。結婚式がすめば、花嫁は自分の家をあとにして、夜の静寂に　ただひとり　夫のもとに嫁ぐだろう。

O THOU the last fulfilment of life, Death, my death, come and whisper to me!
Day after day have I kept watch for thee; for thee have I borne the joys and pangs of life.
All that I am, that I have, that I hope and all my love have ever flowed towards thee in depth of secrecy.

One final glance from thine eyes and my life will be ever thine own.
The flowers have been woven and the garland is ready for the bridegroom. After the wedding the bride shall leave her home and meet her lord alone in the solitude of night.

（ラビンドラナート・タゴール著・森本達雄訳注『ギタンジャリ』第三文明社）

臨床医として多くの死をみつめてこられた日野原重明先生は、この詩についてこのようにコメントされています。

「死というものを本当に自分でつかもうと努力して、この人はその死から生をみて、真摯に生きられた。私たちが本当に生きるためには、死をもっと見つめなければなりません。死をつかまなければなりません。そして、その視点に立って私たちは若い日も、中年期も、あるいは老年期をも生きなければなりません。そのような視点から生きる生き方を、タゴールから教わりたいのであります。」

（日野原重明『命をみつめて』岩波書店）

人間の肉体の死について考えた時、ほとんどの方は自分にとってすべてが終わるように感じられると思います。仮に、理性的に「死後も人生がある」と自分を納得させても、やはり心のどこかで半信半疑なのではないでしょうか？　この本をここまで読んでこられた方にとってみても、心のどこかにまだ何かがひっかかっておられるでしょう。いくら「ずっと死なない」と言われても、「死後子孫のなかに入ってずっと生きられる」と言われても、結局私は人生の主役でなくなる……そのように感じられると思います。

本当はどうなのでしょうか？

私がそのようなことを考えたきっかけは、たまたまテレビで見たセミの脱皮の映像です。セミは日本にはどこにでもいる昆虫で、一生のほとんど（5～6年）を地中で過ごします。成熟すると地中から出てきて近くの木に登り、しっかりと木につかまって脱皮を始めます。今までの地中生活でまとっていた堅い外殻が背中からパックリと割れて、なかから白くて弱々しい身体が少しずつ現れてきます。しかし時間が経つにつれて、弱々しかった皮膚はしっかりした堅さと色をもつようになり、大きな羽も強くなり、色づき、成虫のセミの姿に変化していきます。地中から出てきたサナギの姿は、いつのまにか羽が生えた、たくましい姿に変身しました。グレードアップしたのです。サナギの肉体は死にましたが、そのなかから新しい肉体が生じました。今まで地中で少しずつしか移動できなかった虫が、今度は力強く羽ばたいて空に飛び立っていくのです。なんというダイナミックな変化なのでしょう。

私はセミが脱皮していく姿を観ていて、ふと、肉体の死は私たちの人生の終焉ではなく、さらにその次の生があるのではないかと感じました。サナギが死を迎えた後、そのなかから再生する立派なセミの姿から強いインスピレーションを感じたのです。

肉体を持った生活は我々が存在している3次元空間のなかで行われます。いわゆるニュートン力学（後述）ですべてが説明できる世界で、目に見える物質がすべての世界です。我々は常に食べていなければならず、肉体はすぐに疲労し、怪我や病気をして簡単に傷んでしまいます。ですから非常に不便です。しかも肉体は自動的に老化し、どんな人でも衰えていく肉体の問題に直面しなければなりません。また肉体を使うことに関していえば、普通の人は肉体を使ってイメージ通りに動かすことすらできません。3次元世界というのは非常に制約の多い世界なのです。

古くなった自動車を次々に乗り換えていくようなイメージで肉体も乗り換えられたらいいのですが、残念ながら最初にいただいた1台目が故障してしまうと、私たちの肉体の人生はそれで終わりです。肉体の生が私の人生の終焉だとすると、非常に不完全な形で終わることになるのです。そこになんとなく違和感があります。

しかしセミの脱皮の映像、すなわち死んだサナギの肉体から新しいセミの肉体が抜け出す姿を観て、もしかしたら現在の肉体の生活は、本当は人生の途中の段階であって、私の本来の人生は3次元世界の制約のない、肉体の死後に訪れるのではないかと考えてみることにしたのです。

どうしても死後の人生を「付属のもの」で「主体性がないもの」のように思いこんでしまうので、そこは頭のなかで無理やり主体性を持たせるようにイメージトレーニングしてみます。その上で普段では考えない「死後の世界の仕組み」について、思考をめぐらせてみましょう。

完全な肉体は保障されていない

まず気づくのは、肉体の生の不条理さです。ヒトは生まれながらにして不平等ですが、その理由について少し説明します。

ヒトのからだは多くの細胞が集まってできています。ひとつ一つの細胞には寿命があり、古い細胞は死に新しい細胞がその働きを引き継ぎます。例えば皮膚の細胞はずっと同じではありませんよね。お風呂で皮膚をこすれば垢が生じますが、これは古い皮膚細胞の死骸の塊です。

さて、新しい細胞は細胞分裂によって生み出されます。細胞は細胞分裂を行って新しい細胞を作り出すのですが、ひとつの細胞がふたつに分裂する際に行われる多くの作業のなかで、最も重要な作業が「遺伝情報の正確な引き継ぎ」です。ひとつの細胞の核のなかには60億個と言われるＤＮＡの塩基対が収納されていて、その配列の順番を保存することでそのヒト固有の遺伝情報を保持しています。ヒトも最初はたった一個の受精卵の細胞分裂から発生が始まりますが、37兆個とも言われるヒトのからだの細胞すべてに、最初の受精卵の情報と全く同じ配列の遺伝情報が保持されなければなりません。

前述のように、DNA複製の仕組みは物質でできたDNAやタンパク質が作用しあって行う作業ですから、100パーセントミスしないで行うことは不可能です。ちょっとしたずれが起こる確率はゼロでないため、複製ミスは一定の確率で必ず生じます。細胞分裂のたびに複製ミスの危険がありますので、私たちの体のなかには複製ミスの結果としてできた遺伝子異常が蓄積されています。それが癌発生の原因にもなっています。また細胞分裂の際に一定の確率で絶対に遺伝子異常が生じますから、受精卵に遺伝子の配列異常の情報が含まれていれば、生まれつき遺伝子の配列異常を持って生まれる方が存在します。つまりあらゆる遺伝病は肉体発生の仕組みからして必ず生じるということです。

また胎中の環境も安定しているとは限りません。さらに出産という行為は胎児にとっては危険極まりないものです。出産中の事故は完全にゼロにはできないでしょう。

生まれた後の人生においても、肉体は物理的にもろい存在なので、大きな物理力が外部から肉体に向けて働くと肉体は壊れます。遺伝的に大きな問題がなくても、完全な状態で一生を終えるという肉体の人生はすべての人間に保障されていません。これらはすべて3次元世界の制約が原因で、どうしても生じる理不尽です。生まれながらに遺伝病を持っていて強い治療や手術が必要だったり、事故のために身体的に不自由になったり、または早世したりするのは、100パーセント避けられるものではありません。

肉体の死をもって私自身がなくなってしまうなら、このように理不尽な運命のなかで一生を終えた方にとって、人生はむなしいと感じられる方も多いでしょう。

しかし肉体の人生が最終の姿でなければ、そんな風に感じる必要はないのです。肉体の死後にも成長し、人生を楽しむ方法が存在するからです。もし、そのようなしくみがあるなら、誰でも人生を有意義に過ごす公平な機会が与えられていると考えることができるでしょう。

死後の「からだ」になるもの

歴史上の宗教では、天国や西方浄土などと表現される「理想の世界」に行くことを目的にするものが多くありました。苦労ばかりあるこの世が最後の住処ではなく、その後に素晴らしい世界が待っているのだ。だからそこに行けるように努力しなさい、という教えが多かったのではないでしょうか。

しかしここではっきり言いますが、天国のような理想世界に行くことができるのは、理想世界の住人としてふさわしい人だけです。そうでない人が住んでいる世界はすでに理想世界ではありません。周りの人が勝手にかしずいてくれる、なんでも思い通りになる世界を思い浮かべても、そんなものは独りよがりな思い込みです。もしそんな世界が存在するなら、あなた以外の住人はあなたの妄想の産物に違いありません。

そんなところにはなんの魅力もないでしょう?

次に別の方向から考えてみます。今生きておられる方で、自分の胸に手を当ててみて、自分は理想世界に生きるにふさわしい人間だと思われる方はどれほどおられるでしょうか？　ほとんどおられないと思います。そしてほとんどの方は、自分自身が理想世界にふさわしい存在だと思えない状態のまま、肉体の人生の終わりを迎えます。結論として私たちは、肉体の死を迎えても天国に行くことのできない存在なのです。

カトリックの教えによると、死後の世界には煉獄というものが存在します。煉獄は、肉体の死後天国にはすぐに行けない、つまり心が神に相対できず、神と共に生活することができない人が、天国に入れるように清めを受ける場とされています。肉体の死後、直接天国に行ける人は少ないのです。この煉獄にいる死者のために肉体を持つ信者が祈りを捧げます。

仏教でも似たような習慣があります。周忌の法要です。死んだ日から決まった期間ごとにお坊さんと子孫にお経をあげてもらいます。死後、死者は周忌ごとに試練を受けなければならず、その度にこの世にいた時の煩悩を少しずつ浄化してもらいます。子孫がお経をあげることで、死者の試練を手助けできると言われています。

宗教の世界で、このような場が設定されているということこそ、肉体の死が我々にとって安心できる終焉ではないことを示しています。天国（浄土）に行ける人は少なく、死後も試練や浄化を受け続けなければならないのです。私たちには死後もそのような場と機会が必要なのです。

これまでの宗教が希求してきた理想世界を天国というのなら、天国に行くのにふさわしい人間は「完成した人間」です。完成した人間が集まって住んだら、そこは自動的に天国になるはずです。そうであれば、天国というものは必死に求めなくても、勝手にできることになります。

しかし残念ながら現実はそうなっていません。

世界は創造されたにもかかわらず、まだ完成に至る途中なのでしょうか。少なくとも言えるのは、肉体の死をもって人生が終わるわけではなく、その後も心の完成を目指して努力する必要があるということです。

それでは、肉体での生活はまったく無意味なのでしょうか？　とんでもありません！　セミの成体はサナギのなかで成長し、完全な姿となるのです。未熟なからだしか作れていなければ飛び立つことができないばかりか、セミは日常生活にも多くの苦労をしなければなりません。私たちが、肉体の死に臨んで、天国に行くことのできない未熟なからだしか準備できないことが問題なのです。

私たちは肉体生活をしながら、その内面において心を日々成長させています。それが死後のからだとなるのですから、今のうちに必死に準備しなければならないという結論になります。そうしなければ、死後の世界で大変な苦労をしなければならなくなるでしょう。

タゴールは死を見つめながら、それをつかんで生きたと日野原先生は表現されました。彼は肉体の死が肉体の生、つまり人生を完成させてくれるものだと言います。そしてそれを迎えるために、生きている間は喜びにも痛みにも耐えてきたと言っています。彼は死の後の試練や浄化を恐れる必要のない人生を送ったのです。だからこそ、肉体の死を待ち望んだのでしょう。肉体の死によって、すべてが終わり、その後何もなくなってしまうなら、ケ・セラ・セラと生きてもいいです。しかし、彼はそうしませんでした。彼は死を結婚式に例え、人生を結婚の準備をする新婦の生活に例えました。当然、彼の心には結婚式の後の結婚生活も念頭にあったでしょう。肉体の死の後の結婚生活とはなんでしょうか？　堂々と天国に入りそこで生活することなのです。

一日一日を大切にし、祈り、感動して生きた人生を通して肉体を脱皮したタゴールの心は、まぶしいばかりに輝きを放つ存在となっているでしょう。

もし私が肉体の死後、彼と出会うことができたなら、感動せざるを得ないと思います。タゴールや日野原先生とお会いできる日を心から楽しみにして、これからも必死で生きていきたいと思います。

Ⅱ章

生命の世界

もし私たちが遠い宇宙からやってきて初めてこの地球に降り立ったら、この地球の姿をどのようなものとして感じるでしょうか？

なんの知識も思い込みもなくこの地球にある存在全てを五感で感じた時に、私たちはあまりにも力強い、そして無限に広がるその生命の力に圧倒されることでしょう。

地面に生い茂るたくさんの植物は、ピンと背筋を伸ばして太陽の光に向かっています。そして自分の持つ存在価値を１００パーセント出し切ろうとしています。他を気にすることはなくためらいもありません。たくさんの生き生きした緑色の葉の群れのなかにはオレンジ色やピンク色の様々な形をした花が、私を見てくださいと言って咲いています。花に独特のかぐわしい香りが漂っています。花をよく見ようとして近づくと、小さな毛虫が赤ん坊のようなたどたどしさで、かわいらしくも一生懸命に茎の上を移動しています。姿は見えませんが鳥のさえずりが聞こえます。見上げると遠くの方まで青い空が広がり、白い雲がゆっくりと流れています。すると遠くの空に飛んでいる鳥の姿も見えました。そして、今の私には見ることができませんが、陸地だけでなくこの地球の大部分を占める広い海の隅々にまで、力強い生命が満ち満ちています。

神秘的なことに、このような生命はすべて、すべてなのですが、細胞という小単位がレゴブロックのように集まって形作られています。

不思議な感じがしませんか？

地球上のすべての生命は、植物も動物も基本的に同じ構造を持っています。例えるなら、世界をすべて覆うほどのひとつの大きな生き物の細胞が少しずつ小さな細胞の塊《かたまり》の単位にちぎられて、広い地球にばらまかれ、それらの塊がおのおの生き生きと生存している……、このように表現すると、この感動を言葉で表せるでしょうか？

このように同じ基本構造を持った生命が地球上に満ち満ちています、象やキツネや虫もそうです、もちろん私たち人間も。それらのたくさんの種類の生命が食物連鎖の仕組みをつくり、調和を保って太古の昔から今に至るまで生き続けています。

その世界に善や悪の概念は存在しません。すべてが必要であり、すべてが美しいのです。蛇やカラスや果てはフンコロガシまで、細胞からできているすべての生命は、地球上の隅から隅まで広がる大きな生命体の一部であり、この世界の調和に必要な存在なのです。

今の季節はチェリーが実をつけています。枝からぶら下がっている、みずみずしい果実を見ていると、この世界の不思議な成り立ちを実感します。例えば私たちは、これらの実が地中から根を通して吸収した栄養分を使って作られているとなんとなく思っています。しかし実はそうではありません。実を構成する皮や果肉、その他多くの構成成分はほとんどが有機物ですから、たくさんの炭素原子からできています。炭素は、そうです、空気中の二酸化炭素を取り込んでいるのです。植物のほとんどの構成成分は、じつは空気から取り出して物質化していたものなのです。目に見えない空気が、葉っぱや花や果実に物質化して、顕在化したのです。

それらの消化しづらい繊維状の植物を草食動物が食べます。草食動物は日がな一日、仕事のように植物を食べ続けます。そして、彼らは肉食動物の餌になってくれます。ヒツジは植物を消化して、いっぱい羊毛をはやしてくれます。そして羊毛からできた糸は私たちの衣服になるのです。

このように考えると、植物や草食動物がそれぞれの役割を果たして、太陽の光や空気や水から、私たちが使える物質を作ってくれていることがわかります。生命が織りなす調和の世界には感動するしかありません。

さて科学技術が進歩し、遺伝子改変も人工的に行えるようになって、ものすごい時代になったものだ、生命のことがここまで明らかになったのかと感心します。

しかし意外に感じられるかもしれませんが、**何もないところに生命を作り出すことはまだ誰にもできていません。**科学者はロボットのようなものは作れても、地球上の最初の生命の誕生を再現することができないのです。

最初はたったひとつの細胞が地球上に初めての生命として誕生しました。そしてその初めての生命はDNAを用いた自己複製の仕組みを持っていて、たくさんの子孫を増やしました。その子孫のなかには多細胞生物も生まれ、様々な種類の生物が枝分かれして生まれて現代まで増えてきました。それらが、これほどまでにすばらしい調和のとれた生命の世界を形成してきたのです。どれほど神秘的でしょうか。

この世界には科学の力が及ばない一点があり、そこからすべてがスタートしているのです。無から有が生じたビッグバンや「生命の誕生」は、今までの科学的なアプローチだけでは解き明かせないこの世界のキーポイントなのです。

今はコロナ禍が世界に広がり、緊張と不安が世界中に満ちています。人類歴史上未曾有の危機といってもいいでしょう。しかし、歴史を振り返れば火山の爆発や気候変動、ペスト禍など多くの災禍が人類、いえ私たちの先祖を襲ってきました。歴史を通して人類は、この世界を苦海や終末と表現し、苦しみのなかで生き方を模索してきたといえます。そしてさらに深く歴史をみつめて思うのは、私たちをもっと苦しめてきたのが、内面の矛盾、解放されない「心」であったということです。

生まれ落ちた瞬間から苦しみの渦のなかに放り込まれている私たちの「心」に解放される道があるとすれば、その入り口は私たちが**自分自身の本来の価値を知り、この世界と私たちの関係を知るところ**にあります。ですから最先端の科学も深淵な宗教も、ずっとこれらの入り口を探し続けてきたのです。

これだけ科学が発展した現代には、これを探す道具がたくさん存在しています。

20世紀の科学は、相対性理論と量子力学が生まれた時代と言えるかもしれません。

物理学の歴史を見ると、産業革命期に先駆けて生まれたアイザック・ニュートン（1643〜1727）が古典物理学を体系づけました。古典物理学と電磁気学は産業革命をはじめ、文明の機械化に大きな貢献を果たしました。その後科学万能主義が世界的な思潮となったこともあり、私たちの学ぶ物理学の大半はこの古典物理学の内容になっています。それに対して、20世紀になって明らかになった量子力学や相対性理論は、すべての人が学ぶわけではありません。ですから、現代のほとんどの人類は、ニュートンの思想の影響を受けて、物事を観察し、思考しているといえるでしょう。

量子力学や相対性理論は、ニュートン力学を中心に3次元世界で生きている私たちの考え方、いえ感性そのものにコペルニクス的な転換を迫っているのですが、あまりにも難解なために一般の人々が理解できず、その存在がほとんど意識されていません。言い換えるなら、一部の学者が議論をしている特殊な分野ではありますが、私たちの生活には関係ないというとらえ方をされています。

しかし、世界の成り立ちを知る上での最大のキーポイントについて、これらの学問抜きに核心にせまることはできません。この本ではこれらの学問の知識を理解するというよりは、かみ砕いて利用することで、身近で素朴な生活感覚を根本から転換させることを目的にしています。

私たちは思った以上に3次元世界の感覚にがんじがらめに縛られていて、不自由な考え方しかできていません。科学的にはすでに答えの出ている多くの事実を無視して生活しているのです。私たちが当たり前だと思っているこの3次元世界というのは、量子力学の明らかにした実際の世界を、肉体の五感の感覚に合わせて近似させた疑似世界に過ぎないのですが、これまで肉体の能力の範囲で生活する上では、なんの支障もなかったのです。

しかしそうも言っていられなくなってきました。

量子コンピュータという単語をよく耳にするようになり、日常的に使うキッチンにもいつのまにか電子という量子的な単語を使った「電子レンジ」という器械が入り込んできています。医学の分野ではMRIという量子力学を利用した画像診断装置も普通に使われています。

初めに量子力学について簡単に説明しておきましょう。量子力学の分野で最初にわかったことは、量子は粒子でもあり波でもあるということです。光は代表的な波として知られていたのですが、実際は同時に光子という粒子であることが証明されました。逆に粒子であることが知られていた電子が波であることもわかりました。ですから太陽光でなく電子波を使った電子顕微鏡が開発できたのです。

粒子というのは目に見える3次元物質ということです。逆に波は音や電波など物質としてはとらえどころがないもので、ものとして捕まえることができず、空間にひろがっていってしまうものです。3次元世界ではこのふたつはまったく別の存在ですが、量子力学的にはどちらでもあると言っています。波の性質を多く

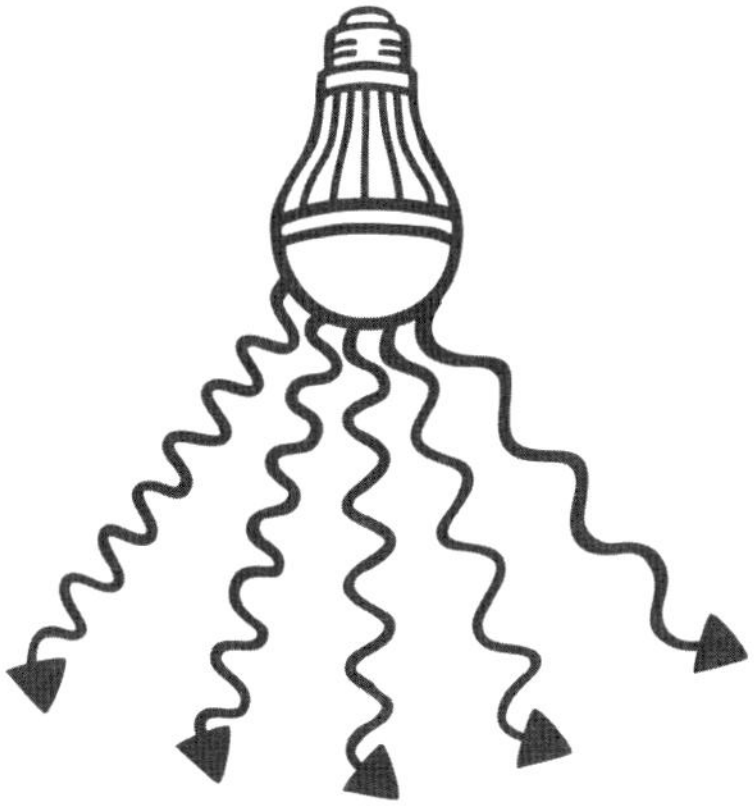

光の波のイメージ

光の粒子のイメージ

もっているか、粒子としての性質を多く持っているかの違いだけです。そして、同時にどちらでもある、というのがポイントです。

例えばここにサッカーボールがあるとして、目の前のコンクリートの壁にむかってボールを蹴ってぶつける練習をしているとします。この3次元世界の感覚では壁を壊さない限り、このボールが向こう側に壁をすり抜けて行くことはありません。しかし、サッカーボールでなくトランペットを吹いていたら、音波は壁の向こう側にも聞こえるかもしれませんね。量子の世界では、サッカーボールがトランペットの音のように向こう側に伝わって、壁の向こう側に移動することがあります。これを「量子トンネル効果」といいます。この現象は量子が粒子でもあり、波でもあるので起きる現象です。

電子や光子のような量子が活躍するミクロの世界では、3次元世界では考えられないような現象がたくさん起きています。しかし、そのような現象をマクロの世界にいる私たちは見ることがありませんでした。そんな面倒なことは無視して、今まで通りの感覚でいればいいではないかと言われるかもしれません。

しかし、マクロな世界でも量子の現象を見ることができるとわかってきました。前述したＭＲＩがそうです。ＭＲＩで画像を撮影するとき、人体全体を強い磁場のなかにおきます。そうすると、人体のなかにあるすべての電子のスピンの向きが強制的に一斉に磁場の方向に揃わされます。そうしておいて人体に電磁波を当てて、電子の反応の違いを測定し画像にするのです。強力な磁場以外にも同じように量子現象を起こせる方法があります。温度を絶対零度に近づけるのです。そうするとやはり、ミクロの世界だけで起こっていた量子現象がマクロの世界でも起きるようになります。超電導がそうです。

ジム・アル＝カリーリらは著書『量子力学で生命の謎を解く』（ＳＢクリエイティブ）のなかで、このような状態を「量子コヒーレントな状態」と表現しました。それ以外の状態は「デコヒーレントな状態」です。コヒーレントな状態というのは、物理用語では共鳴状態を意味します。デコヒーレントな状態では量子の波があまりにもバラバラに作用するため、量子力学的な現象、つまり共鳴現象としての多くの現象を起こしにくいといいます。

彼らは、３次元世界を構成しているたくさんの原子のでたらめな運動（デコヒーレント状態）をなんらかの方法で停止させると、ミクロな世界でだけ実現しているコヒーレントな状態を、マクロな世界にも作り出すことができるというのです。また、逆に光合成や遺伝子の複製など、細胞のなかで起きているミクロな現象もナノメートル単位の距離で起きているので、極微のコヒーレント状態の空間が生じて、量子力学が大きく関与しているかもしれないと言っています。つまり彼らは、生命現象の根本に量子力学が深く関与しているという仮説を唱えているのです。そして彼らは「量子生物学」という単語を提唱しました。

最近「量子化学」「量子医学」などの新しい言葉が提唱されるようになっています。それならば、人類の存在自体を量子力学的に見ることも可能ではないかと考えました。この世界は真空な空間に、素粒子などの量子が原子や分子を形成して作用し合ってできています。マクロな3次元的な感覚で感じられないからと言って、量子力学的な法則が作用していないはずはありません。当然、人間の心もからだも量子からできていますので、量子力学的な存在です。私は人類の存在について深く考察する上でも、量子力学的な観点が必要だと考えたのです。

この本は『量子「人間」学』というタイトルです。いろんな観点から人間という存在について、大胆な仮説を展開します。そうした展開のなかで、無から有が生じた宇宙のキーポイントと人間の関係も見えてくるでしょう。

動的平衡

ちょっとした電化製品でも新品を買うととても気持ちがいいものです。それが家具や車といったとても高価なものになると、そのワクワク感は大変なものです。しかし普段の生活のなかでふと気づいてみると、あれほどワクワクして買った物にいつのまにか慣れてしまい、数年も経つと高揚感が失われていることに気づきます。あって当たり前のものになってしまっているのです。どんな物でも古くなっていきます。この世界はなんとも諸行無常ですね。

私の住む街は再開発が進んでいて、古いビルがいつのまにか壊され更地になっているのに気づきます。なにげなくその周りのビルに目をやると、配管や壁がとても古びてしまって落書きも目立ちます。なかに入っているテナントもなんだか地味な店が多いように感じます。私が学生時代にこの街に通っていた頃は若者が多く集まり、新しいビルにはおしゃれなデザインの新しいテナントがたくさん入っていました。その頃はこの街の風景はどこもまぶしく、古びていくイメージなどかけらもなかったように思います。しかし、数十年という歳月は、この街の姿を通してあらためてこの世界の物質のありようを、私に見せてくれました。

物質は時間の経過とともに古びていきます。ビルを形づくるセメントも鉄筋も、もともとは岩石や砂でした。それらから必要な物質を精製し、建築資材に加工し、ビルの建設に使ったのです。材料となった岩石や砂は、もしビルに使用されず元あった場所に放置されていれば、その場で長い年月をかけて劣化し風化してどこかへ飛んでいってしまう運命だったのですが、建築資材に精製され、私の街のビルの材料になりました。

しかし、ビルに姿を変えたところでこれらの物質の運命は変わりません。しだいに酸化したりして劣化しボロボロに崩れていきます。危ないのでいつの時点かで壊されてしまうでしょうが、もしその場所に何万年も放置されることになったらどうなるでしょうか？　容易に想像はつきます。ボロボロになったビルは最後には砂になってどこかへ飛んでいきます。

なぜこのようなことをくどくどと書いてきたかというと、この3次元世界の物質には「エントロピー増大の法則」が働いていることを感じていただきたかったのです。「エントロピー増大の法則」とは、「物質はほっておくと乱雑、無秩序、複雑な方向に向かい、自発的に元に戻ることはない」ということです。

たとえばお風呂に浸かっていてぬるいと感じた時に、そこに新しくお湯を足したとします。最初は温かいお湯は軽いので上の部分からたまっていき、お尻のあたりはぬるいままです。お風呂に入っているくらいの短い時間ではこのように同じ浴槽のなかでも水温の高い部分と低い部分が分かれていますので、普通の人はかき混ぜてしまうと思います。しかしかき混ぜずに長い時間ほったらかしにしておくとどうなるかというと、温度は勝手に均一化します。偏って存在していた熱がしだいに乱雑にひろがっていき、やがて浴槽のお湯全体が均質化してしまうのです。コーヒーに砂糖を入れた時も同じです。スプーンでかき混ぜなければ、溶けなかった砂糖は底に沈んでしまいます。しかしずっとそのままではありません。長い時間ほったらかしておくと砂糖は溶けて、最終的にはコーヒーに溶けた砂糖の濃度は均一化します。固まっていた砂糖が無秩序に散らばった結果です。

ある空間に存在する物質というのは、一時的には固まって存在することができますが、しだいに乱雑・無秩序な方向にバラバラになり、空間のあらゆる部分が均質化していくのです。

さてこのような現象をミクロの視点で見てみましょう。

空気のなかには窒素分子、酸素分子、二酸化炭素分子などがたくさん散らばっています。それぞれの分子はじっとしていません。それぞれの分子がいろんな方向に飛びかっています。そこになんでもいいですが、異なったガスの集団が放出されたとします。ヘリウムガスの風船が割れたとしましょう。単純化するために、この空間には空気の流れ、つまり風はまったくないと考えてください。また重力の影響も無視しましょう。最初は一か所に集まっていたヘリウムガスは周囲にある酸素分子や窒素分子にぶつかり、その運動の影響を受けてどこかの方向に飛ばされます。そしてまた別の分子にぶつかり、そこからまた別の方向に飛ばされます。一個のヘリウム分子について考えればこのようにどこに飛ばされるかわからないのですが、全てのヘリウム分子がまったくのランダムに動くと仮定すると、何億個のヘリウム分子は「エントロピー増大の法則」に従って少しずつ拡散していきます。そして与えられた空間に均等な濃度に薄まっていくのです。なぜか周囲の酸素分子や窒素分子とぶつかったヘリウム分子は、集団から離れる方向に飛ばされてしまうのです。

「エントロピー増大の法則」の働く空間では、偏りや秩序が長期間維持されません。ビッグバンで誕生し、今も拡大を続ける宇宙ですら、エントロピーの法則に従い徐々に熱量が薄まって温度が下がっています。

もしこの地球という惑星にまったく生物が存在しなかったら、この「エントロピー増大の法則」を始めとした物理法則が容赦なく働きつづけ、火星の表面のような無味乾燥な風景を作ったことでしょう。しかし、この地球には「エントロピー増大の法則」に逆らい秩序や偏りをつくりだす「生物」が誕生しました。

エントロピー増大の法則は容赦なく生体を構成する成分にも降りかかる。高分子は酸化され分断される。集合体は離散し、反応は乱れる。タンパク質は損傷をうけ変性する。しかし、もし、やがて崩壊する構成成分をあえて先回りして分解し、このような乱雑さが蓄積する速度よりも早く、常に再構築を行うことができれば、結果的にその仕組みは、増大するエントロピーを系の外部に捨てていることになる。

つまり、エントロピー増大の法則に抗う唯一の方法は、システムの耐久性と構造を強化することではなく、むしろその仕組み自体を流れの中に置くことなのである。つまり流れこそが、生物の内部に必然的に発生するエントロピーを排出する機能を担っていることになるのだ。

私はここで、シェーンハイマーの発見した生命の動的な状態（dynamic state）という概念をさらに拡張して、動的平衡という言葉を導入したい。この日本語に対応する英語はdynamic equilibrium（ダイナミック・イクイリブリアム）である。

（福岡伸一『生物と無生物のあいだ』講談社）


分子生物学者・福岡伸一氏はこのように「エントロピー増大の法則」に抗い存在する生物の仕組みを説明しました。生物はこの宇宙のなかにあって、エントロピー増大の法則に抗って存在するシステムを持つ特殊な存在であり、その抗う方法こそが、自らをどんどん壊しながら同時にどんどん作っていくという作業だというのです。

人間の細胞にはアポトーシス（能動的細胞死）という仕組みがあり、ある期間生きた細胞は自ら死んでいくようにプログラムされています。外傷や外敵によって殺されてしまうネクローシス（受動的細胞死）とは違います。また、私たちのからだを支えている硬い骨は、ビルのようにいつも安定している丈夫なものだと思い込みがちですが、実は違います。骨のなかには破骨細胞という壊し屋の細胞がいて、骨を常に壊し続けています。しかしそこには同時に骨芽細胞という細胞もいるので、壊された部分に次々に新しい骨を作ってくれています。壊す作業など行わず、作る作業だけをしていれば一見効率がよさそうに感じますが、そうはなっていません。生物のからだを維持する仕組みは意外に複雑なのです。

これらは一例に過ぎません。一見しただけでは、生物はとても面倒なことをしているように見えます。しかし生物が「エントロピー増大の法則」に抗うためにしていると考えれば納得がいくのです。そしてこのような生物という「エントロピー増大の法則」に抗うことのできる奇跡的な存在が地球に誕生したおかげで、この地球はこれほど3次元世界の可能性を十分以上に引き出し、ダイナミックでエネルギーに満ちた世界となりました。

私たちは生物というシステムを「肉体」として持つことができたために、この生物世界のなかに永続して生きることができるようになったのです。

福岡氏はこの著書のなかでシェーンハイマーの実験について紹介しています。

窒素はタンパク質の材料のひとつです。この窒素を同位体（普通の窒素原子よりも中性子が多く重たくなった窒素原子）にとり変えたタンパク質を餌としてマウスに与え、3日後に同位体がマウスのからだのどこに移動したかを調べる実験です。驚いたことに腸、腎臓、脾臓、肝臓など、からだじゅうのあらゆる場所から窒素同位体が見つかりました。しかもそれらの窒素同位体はいろんなタンパク質の材料として使われていたのです。その間マウスの体重は増加しておらず、たった3日間で古いたんぱく質が捨てられ、新しいタンパク質に置き換えられたことが証明されました。

この結果は私たち人間を含めたすべての生物が、かなりの速さで古い部品を処分し、新しい部品に取り換えていることを意味します。つい3日前の私と今の私ではからだの見た目はまったく変わらないのに、肉体の材料の原子や分子がかなり入れ替わってしまっているということです。「お変わりありませんか？」と挨拶されることがよくありますが、実は「お変わりありまくり」だったわけです。

短い時間間隔で比べてみて、見た目があまり変わらないという点では生物と古いビルは同じようなものですが、生物のなかでは目まぐるしく破壊と建築がおこなわれていて、微細構造がどんどん入れ替わりながら「動的平衡」を保つという大変な作業をしていたのです。

私たち生物は生々《しょうじょう》流転《るてん》する物質の流れのなかに一時的にできたよどみのようなものです。川の流れを見つめていると、流れて来る落ち葉が集まればよどみが一時的に可視化されますが、すぐに落ち葉が流されてしまいよどみは見えなくなってしまいます。私たちの肉体は、「エントロピー増大の法則」が支配する過酷な3次元世界の物質の流れのなかに一時的に作り出されたよどみ、つまり川の流れのなかに時にできる落ち葉のかたまりのようなものだったのです。

どんなに生物というシステムが優れていても、「エントロピー増大の法則」から完全に自由になっているわけではありません。生物のからだがアポトーシスという仕組みを使って古い細胞を捨て新しい細胞に入れ替えているように、70億人類がひとつの生命として生き続けていくために、私たち自身もいつかは肉体を捨て、新しい生命にバトンを渡さなければならないのです。

私という存在が3次元世界において依ってたつ肉体は実は一時的に浮かんだ幻のようなものなのです。

私たちは今まで物質としての肉体にあまりにも執着しすぎていたのではないでしょうか？

さらにお金や持ち物など肉体に付随するものに関しては何をかいわんやです。そして、私という存在は3次元の肉体を使いはしますが、そのなかに収まりきれない存在だからこそ、迷いなく肉体を脱ぎ捨てることができるのだと私は考えます。

肉体から自由になるために、私たちは自分自身の存在について新しい認識を持つべきなのです。

空間について

新婚旅行でベネチアのホテルに泊まった時のことです。部屋に入ると妻が急に騒ぎ出しました。部屋が傾いているというのです。私は何も感じなかったため、そんなことないと言って気にしないように説得したのですが、どうしても傾いているときかないので、一緒にベネチアングラスの店に行き丸いガラス細工を買うことにしました。日本でいうビー玉のようなものです。部屋に帰り、二人で息を潜めそっとガラス玉を床に置きました。すると、すぐにガラス玉が転がりだしました。そうです。床が傾いていたのです。それも結構な傾きだったようで、ガラス玉に摩擦が働く暇を与えません。私の完敗でした。

ベネチアはイタリア東部の都市で、5世紀にあったゲルマン民族の大移動の時に、その侵略から逃れるため湿地帯に築かれました。柔らかい地盤の上に都市が築かれたので、少しずつ都市は沈んでいきます。ゴンドラで街の水路を進むと、水路沿いの家の窓が水面すれすれになっているのを見ることができます。もちろん水面すれすれに窓を作るはずはありません。建物が沈み込んで窓の高さが低くなったと考えるべきでしょう。街の土台が沈むなど近代的な都市では考えられないことですが、歴史のある都市では十分ありうることだったのです。私たちの泊まったホテルは結構いいホテルだったので、私は建物が傾くなんてあるはずがないと思い込んでいたのですが、実はそんな建物でさえ沈み込んで少し傾いていたのでした。

そんな思い出話はさておき、この「傾き」というもの、三半規管の鋭い家内はすぐに気づきましたが、鈍い私はまったく気がつきませんでした。私からすれば、なんにもおかしいことはなく何気ない旅先の普通の部屋でした。おそらくガラス玉の騒動がなければ、その部屋になんの不思議も感じずに通り過ぎたことでしょう。

しかしその部屋は床にガラス玉を置くと、ガラス玉が転がりだすのです。物理学的に言えば、ガラス玉を置くことでそこに「傾き」という「場」が存在することが視覚化されたのでした。

この場合は「傾いている場所」としての「場」です。物理学ではこの「場」という言葉をよく使います。あなたがなにげなく生活しているその空間にも、様々な「場」が発生しています。ご存じですよね、「電磁場」や「重力場」があることを。

例えばプラス、マイナスどちらでもいいですが、「電場」が存在する空間に電荷を帯びた物体を持ってくると、その物体は「電場」から力を受けることになります。引っ張られたり、逆に反発したりします。「磁場」も同じです。磁石のN極とS極が引き合うことは、小学生でも知っています。そして小学校ではこんな実験をするのです。透明な下敷きを磁石の上に乗せ、その下敷きの上に砂鉄の粒をまきます。すると磁石のN極とS極を結ぶ何本もの線が砂鉄の描き出す模様として現れます。これを磁力線というのですが、もちろん砂鉄が磁力線なのではなくて、目に見えない「磁場」の存在を砂鉄が視覚化してくれたのです。

空間に「場」が存在すると、「場」に反応するものがあれば、そこには力が発生します。真空で、空気も何もなくても急に力が発生するのです。

リンゴが落ちて知られることになった重力も「場」を介して生じます。重力を発生させる「場」を「重力場」といいます。質量を持つ物質はすべからく、周囲に「重力場」を発生させるのですが、地球という巨大質量が周囲に大きな「重力場」を作っているので、私たち地球上の生物はあまりにも当然のように、この世界を「物が下に落ちる世界」だと思って生きてきました。でもこれは地球の「重力場」に私たちの質量が反応して、地球と私たちがお互いにひっぱられているのを見ていたのです。

物理学の本を読んでいると、「重力場」のことが「空間のゆがみ」と表現されることがあります。慣れない人はこの言葉が出るあたりで理解が難しくなっていくので、もう少し説明を重ねてみます。

まっ平らなサッカー場にくぼみなどの凹《へこ》みがいっぱいあったら、ボールはまっすぐに進みませんね。ボールがしょっちゅうくぼみに落ち込んで見えなくなるので、サッカーの試合などできなくなります。ゆがみというのはこの平面のくぼみのようなもので、勝手に運動の方向が変えられてしまうのです。空間が本当に歪んでいるわけではないけれど、質量をもつものが空間を移動するとどうしても「重力場」の影響で力を受けてしまうので、イメージしやすいように「ゆがむ」という言葉をあてているのです。

このように空間には多くの種類の「場」が混在していますが、力が働くまでは視覚化されず、だれも「場」の存在に気がつきません。3次元世界ではすべてが見えているようでいて、実際はこんなにも「見えない」物理学的な法則の影響を受けているのです。

この「場」の性質を解き明かすことで、何もない空間に膨大なエネルギーが隠されていたり、たくさんの情報が隠されていたり、未知の素粒子やエネルギー、はては異次元空間まで存在していると予想されるようになってきました。現代の物理学の面白いところは、実験を通して物質や法則を探すのではなく、ひたすら計算をしてそこから、「こんなものが存在するはず」、「こんな理論が成り立つはず」と言っておいて、あとでそれらの物質や理論の存在が発見されるところです。カミオカンデや巨大加速装置を使って、今も見えない素粒子の世界の探求が進められています。ですから、現在は荒唐無稽に思える未知の物質、理論でも、思考

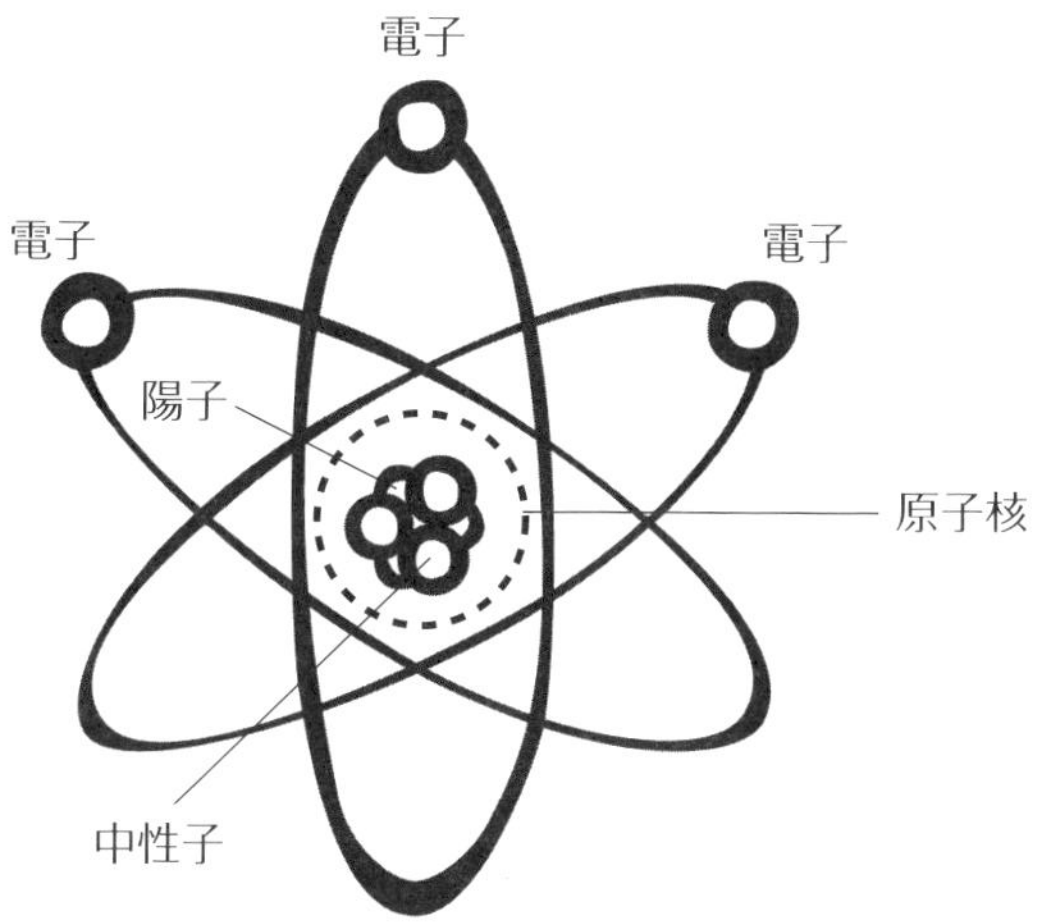

原子の構造

実験（実際に実験は行わず、想像するのみの実験）を通して予言されたものが、未来において実際に存在すると証明される可能性があります。そういう意味で物理学はとてもロマンチックな学問なんです。

さて、そのような秘密に満ちた空間は、実際はどこにあるのでしょう？　大空？　宇宙？　真空管のなか？　そんな特別な場所を探すことはありません。何をかくそう私たち自身が空間のなかを漂っているのですから……。

では、この事実をイメージしやすくするために、原子の世界を覗いてみることにします。

私たちのからだや、まわりの世界の物質が原子でできていることは皆さんご存じですね。その原子はどんな構造をしているのでしょうか？

中心に陽子や中性子が固まって核を作り、その周りを電子がまわっているというイメージの図をよく見ます。しかし、たいていの場合それらの模式図の縮尺は正しくありません。実際は原子核と電子の距離が原子核の大きさの10万倍くらいですので、わかりやすい距離に例えると、原子核から半径1キロメートルくらいの距離に電子があり、真ん中に1センチくらいの原子核があるという感じです。電子がその距離よりも原子核に近づくことはありません。ということは、原子核と電子の間にかなり広い隙間があることになります。それではその隙間には何があるのでしょうか?

空間です。真空の空間があるのです。実は原子というのはミクロの目で見るとこのようにスカスカな構造をしていたのです。私たちのからだも、家具や壁などのまわりの物質もぎっしりと材料がつまってできていますよね。まさかスカスカだとは誰も思いません。しかし、どんな物質も原子が集まってできているので、ミクロの目で見ると信じられない光景になります。原子の一番外側は電子なので、電子の軌道の内側はほとんどがスカスカの空間です。すべての物質をミクロの目で見ると、ただただ空間が広がっていて、たまにちっちゃな電子や原子核が漂っている。このように見えるはずです。私たちが物で満たされていると思い込んでいるこの世界は、よくみるとほとんど真空の空間だったのです。宇宙空間となんら変わらない空間に私たちは住んで生活しているのです。般若心経に「色即是空　空即是色」という部分がありますが、この世界がほとんど真空な空間だと見抜かれていたのでしょうか? 有なのか無なのかわからないような世界にホログラフィのように浮かんでいる、まるでまぼろしのような世界が私たちの生きている世界だったのです。

ですからこの世界について考えるのに、この空間や「場」というものについて考えることがとても重要になってきます。

イメージしやすくするためにひとつだけ例をあげましょう。「ゴースト」という映画を観られたことがありますか? 事故で死んでしまった主人公が、残された妻のことが心配で助ようとする話です。映画のなかで、主人公は肉体がなくなり霊体になってしまっていて、愛する妻に触れようとすると、触ることができずからだがすり抜けてしまいます。どうしても妻にその存在を知らせることができません。そのもどかしさが映画に深みを与えているのですが……。

スカスカな存在である私たちもちょっとしたことで、このように触れ合うことのできない存在になりかねませんでした。そうならなかった理由は電子の存在で、電子がボゾンではなくフェルミオンという種類の素粒子だったおかげです。原子は中心部のほんの小さな原子核ではなく、核から遠く離れた電子雲のところで他の原子と反発しあってくれるので、物体は反発しあい、違う物体同士がすりぬけずぶつかることで、3次元的な感覚では「触れ合う」ことができるのです。


空間について少し考えてみます。

空間は常に一定の状態ではありません。何もない真空は絶対零度の静止した世界だと思われるでしょう？　実際はそうではありません。物質が一切存在しない真空であっても、宇宙に存在する空間には例外なく「電磁場」や「重力場」など力を生み出せる場が存在しています。そして力が取り出せるということは、空間がエネルギーを持っていることを意味します。

$E=mc^2$ は有名な公式ですが、Eはエネルギーで、mは質量、cは光の速度で定数です。これはアインシュタインが導き出した公式で、私は数ある公式のなかで一番美しい公式だと思っているのですが、この公式のすごいところは、形のないエネルギーと形のある物体の質量という、まったく位相の異なるものをイコールで結んでいることです。

さてさっそくこの公式に活躍してもらいましょう。

真空には「場」があって、エネルギーを持っています。Eがゼロではないということですね。Eは mc^2 とイコールでした。つまりそれは空間に内蔵されているエネルギーが質量に変換できるということです。

何もないはずの真空に質量があるというのはどういうことでしょうか？　実は真空のなかから、物質が生成されるのです。粒子と反粒子が同時に生成して、一瞬で合体して消滅します。空間は静止しておらず、このようなことを繰り返しているのです。それを空間のゆらぎと表現します。そしてさらに、そうして生じた粒子は静止していることができず振動します。これを「ゼロ点振動」といいます。

つまり、空間は常に振動し続け、ゆらいでいるということです。

また、途中で出てきましたが、エネルギーも持っています。しかも計算上は莫大なエネルギーを持つことができます。そしてここでは触れませんが、空間には異次元空間が折りたたまれていてたくさんの情報が保存されている可能性もあります。

このように、原子や素粒子が発見され、これ以上見つかるものがないように思えたこの世界は、実はまだその姿をほとんど見せていないのです。

しばらくまどろっこしい文章をつづってきました。理系の話が苦手な方には苦痛だったでしょう。

実はここでは、私たちが「当然」と感じているいろんな感覚が、実際は錯覚であることをお示ししたかったのです。

私たちの目に見える世界は物理学の目で正していくといろんな錯覚に満ちています。ニュートンが体系づけた物理学では、原子の発見をきっかけに明らかになってきたミクロの世界の現象をまったく説明できないのです。別の言い方をするなら、私たちの目に見える物質世界の法則や、私たちが五感で感じた世界は、誤差を無視することで近似的に成り立つものだったのです。

しかし、誤差が誤差ですまないミクロの世界をみると、まったく違う法則が世界を支配しています。その知見を利用することができるようになり、私たちは量子コンピュータなど新しい技術を手に入れるようになってきました。

量子力学や相対性理論を、難しい人が話す難しい話で終わらせてはいけない時代になってきています。本書はその理論を説明していくものではないので深入りはしませんが、これらの理論を駆使することで、私たちの生きるこの世界について、見えなかった世界が見えてきます。

次項から、もう少し踏み込んでみましょう。

量子の世界

量子の姿とは

さてここからは、本書の主題のひとつでもある量子力学についてその内容を紹介していきます。

量子というものは、粒子でもあり同時に波でもあります。粒子というのは私たちが周囲を見回すとたくさん存在する物質のことです。丸いもので言えば野球のボールやビリヤードの玉が粒子です。波とはなんでしょうか？　空気を伝わる波は音波ですし、そのほかにも電波や水中の波があります。周期的に変化しながら伝わっていくエネルギーで、物質としてはとらえどころのないものです。つまり、量子は物質でもあり同時に物質ではないという、不思議な存在だということです。

そしてとても大事なことですが、量子というのは私たちの世界から遠く離れた特別な場所にあるわけではなく、私たちのからだやあらゆる物質を形づくっている、原子や分子の素になっているものだということです。つまり、私たち自身が「物質でもあり同時に物質でないという不思議な存在が集まってできている」ということになります。

量子について興味を持っていただくために、量子の不思議な性質についてもう少しご紹介しておきましょう。

量子はその存在する「場所」と、移動している「速度」を同時に確定することができません。これを「不

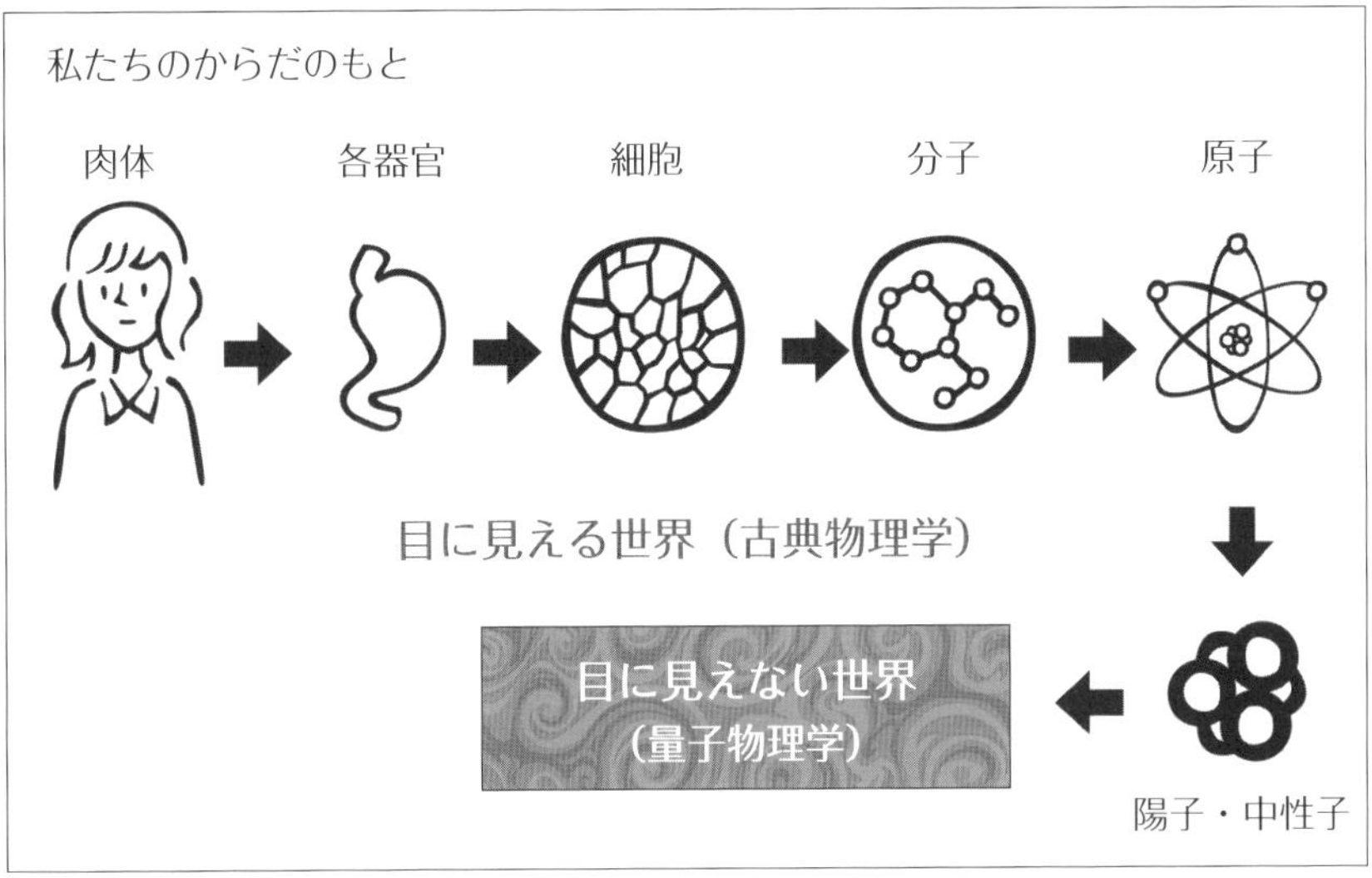

確定性の原理」といいます。

私たちの感覚している3次元世界ではまったく理解できない法則ですね。たとえば野球の試合を見ていて、誰かがホームランを打ったとします。今はその打球が何メートル毎分の速さで飛んで行ってどれくらいの角度で何メートル飛んだということが瞬時に計算されます。もっと言えば何時何分何秒にホームランボールは緯度何度何分、経度何度何分、海抜何メートルの場所にあると瞬時に計算できるわけです。映像を確認すると実際に計算され、予測された場所にボールが映っています。もし写っていなければ計算が間違っていたということです。これが3次元世界のルールですし、この計算を正確にできるようにしたのがアイザック・ニュートンでした。

ここで注意しなければいけない単語がでてきました。「測定」と「予測」です。

3次元世界では、測定された結果は絶対です。縦横高さなどの座標、そして速度はそれぞれ、ひとつの実数で表されます。（x, y, z）＝（3, 2, 1）v＝4という具合です。そして測定値をもとに、運動量保存の法則や力学などのニュートン物理学の公式を用いると、数分後の測定値も正確に予測できます。

しかし、電子や陽子などミクロの量子についてはこれらの常識がまったく通用しませんでした。まずミクロの存在である量子については、正確な位置や速度を測定することは理論的に不可能だったのです。後で出てきますが、測定という行為自体が測定結果に影響を与えてしまうので、たとえば、同じ量子について位置を測定した後で速度を測定した結果と、速度を測定した後で位置を測定した結果とでは異なる結果になってしまうのです。

そもそも量子の座標と速度は1つの実数で表すこと自体ができないものなのです。詳しい解説は成書に譲りますが、量子の姿というのは私たちが想像する野球ボールのような物質ではなかったのです。


不確定性原理に話を戻しましょう。量子の存在を実感するためのたとえ話についてだいぶ考えました。少し稚拙な例かもしれませんが、おつき合いください。

「ＮＡＲＵＴＯ－ナルト－」というマンガのキャラクターをご存知でしょうか？　忍者である彼の得意技は分身の術です。彼は幼いころから分身の術が得意で、最初は数人の自分そっくりの分身を2～3人作れたのですが、そのうち数百人の分身を作れるようになり、その分身たちを使って強敵と戦います。彼の分身はすべて偽物で、本体はそのなかに紛れています。偽物と本体は匂いも見た目も同じで見分けがつかないのですが、偽物は本物ほどの実力がないためすぐにやられて、煙のように消えてしまいます。量子の姿はＮＡＲＵＴＯの数百人の分身に似ています。しかし、マンガと違うのは「すべてが本体」だということです。

量子は存在できる可能性のある場所にはすべて同時に存在しています。しかしそれを測定した瞬間だけ、位置の確定した量子が測定結果として現れますが、すぐにどこにいるかわからなくなってしまいます。ＮＡ

RUTOでいえば、分身の誰かを敵が攻撃した瞬間、攻撃された分身を除いてすべての分身が煙のように消えてしまい、そしてまたたくさんの分身に戻るようなイメージです。

そして、たくさんの分身がすべて本体である状態を物理学では「重ね合わせ」の状態といいます。「重ね合わさ」っている量子は物質としてはとらえどころのない姿ですが、あらゆる可能性を同時に実行できますので、起こりえない化学反応を起こしたり、複雑な計算を一瞬で解いたりできるわけです。

ただし、ニュートン物理学では粒子の将来の姿を計算によって「予測」することができました。量子力学ではどうなのでしょうか？

シュレディンガーの波動方程式やハイゼンベルクの行列力学がその具体的な方法です。それらを使うと3次元的な位置や速度の予測はできませんが、量子の存在確立など統計的な予測ができるようになり、多くの量子状態についての性質が明らかになったのです。

それではこの不思議な量子の性質が明らかになった有名な実験をご紹介いたしましょう。

量子の二重スリット実験

まずこの実験の背景を理解いただくために、トーマス・ヤングが1801年におこなった干渉実験について説明します。

実際の実験方法をご紹介すると、以下の量子の実験との共通点が分かりにくくなるので、少し実験方法を簡略化してしくみを分かりやすくします。

振動数が単一の単色光を発する光源があります。この光源を暗室内に設置し、光源の先にスクリーンを置くとスクリーンにはこの光源の光が当たります。

ヤングの干渉実験

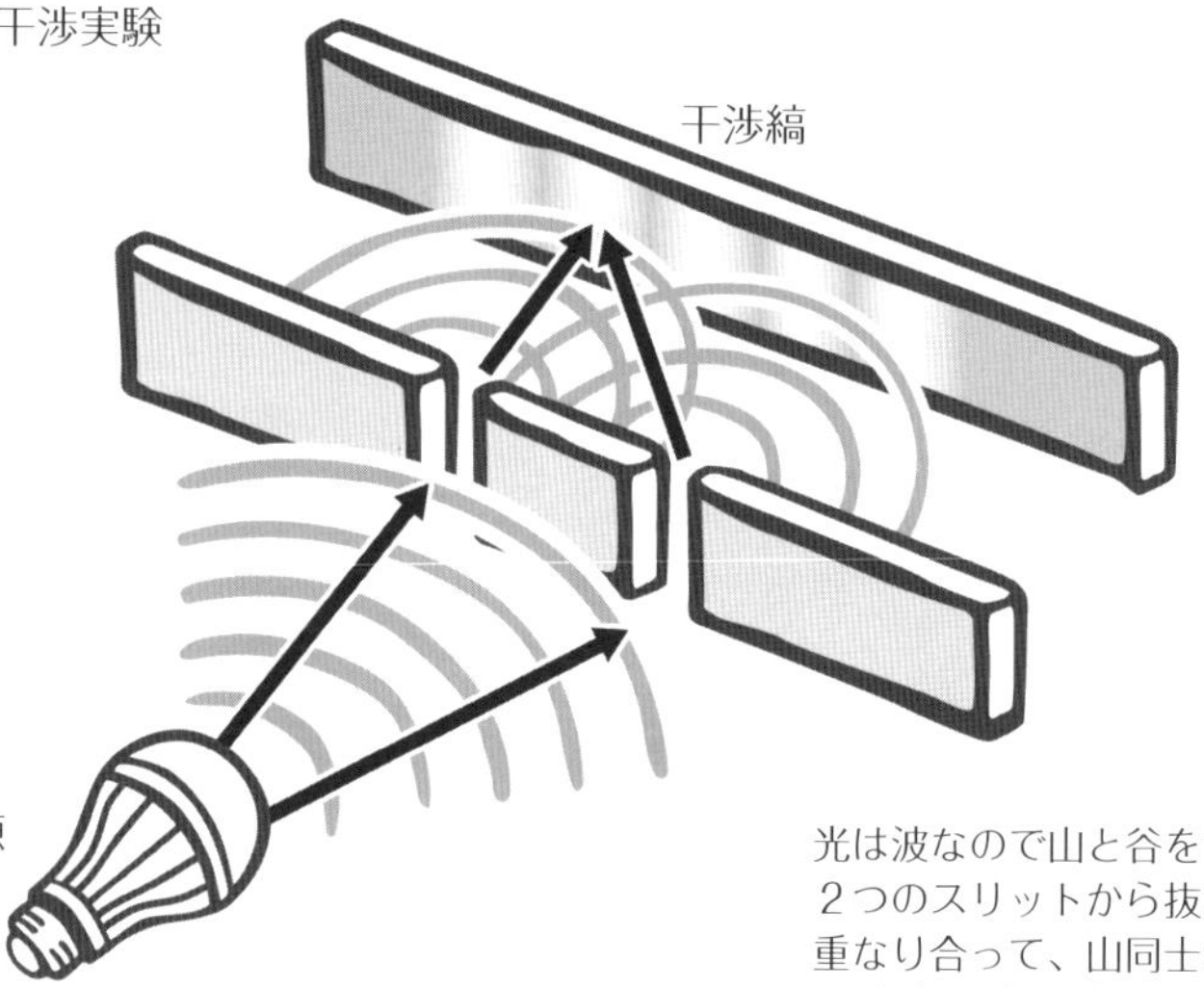
光源
光は波なので山と谷をつくる
２つのスリットから抜け出た波が
重なり合って、山同士が重なると
明るく、谷と重なると暗くなる

さて、光源とスクリーンの間に細長い長方形のスリット（隙間）のある板を置きます。すると、光源の光は板にさえぎられてスクリーンに当たらなくなりますが、スリットを通り抜けた光だけは直進してスクリーンに当たり、長方形の光の像をスクリーンに映します。

次に板のスリットをふたつにして、横に並べてみます。光がたくさんの粒でできていて直進すると考えれば、スクリーンには長方形の光の像がふたつ並んで写るはずですよね。実際にニュートンは光は粒子だと考えていました。しかし、結果はそうなりません。スクリーンには縞模様が映るのです。これを干渉縞といいます。

光は波なので、スリットを通るときに回折現象を起こしスリットを起点とする新しい波を作ります。スリットがひとつのときは新しい光源ができたのと同じ結果になるので、長方形の像がひとつだけ映ります。しかし、スリットがふたつになると、光源つまり波の元がふたつできたのと同じ状態になり、水面に同時に小石をふたつ落としたように、同心円状の波がふたつ重なり合うのです。

波は高くなって山を作り、その後だんだん低くなって谷を作るという運動を同じ周期で繰り返しています。ふたつの波が重なり合って山同士が重なり合うとさらに高い山ができ、谷同士が重なり合うとさらに深い谷ができます。波の周期が変化しなければ、高い山と深い谷はずっと同じ場所にでき続けます。これが干渉という現象でこの実験のポイントです。

この干渉の状況がスクリーンに映し出されると、光が強い部分と弱い部分が縞模様となって現れるのです。この実験で、ヤングは光が波であることを証明し、その後の科学界ではアインシュタインが光子という考え方を証明するまで、光の波動性が信じられることになりました。


その後、アインシュタインが光電効果を説明する過程で光量子（光子）の考え方を提唱し、光が粒子であることを見出し、さらにそうであるなら、逆に粒子である電子が波動であるのではと考えたド・ブロイが物質波の存在を見出しました。このようにして量子力学が確立すると、その理論を実験で確かめようということになりました。光や電子といった量子が粒子でもあり、波でもあるという矛盾した事実を説明するため、ヤングの実験を、量子を使って再現することになったのです。


外村らの装置は、電子を1粒ずつ速度をそろえて発射することができる。大切なのは、この装置では1回に1粒の電子しか発射せず、電子が複数同時に飛んではいないという点である。

発射された電子は、その先にある電子線バイプリズムという仕切りを通る。仕切りの後ろの検出器では、1回に1粒の電子しか検出されない。これが電子の粒子性である。

さて、この電子の「波」は平面波とみなせる。発射された1個の電子の波は、仕切りの両側を通り、その先で重なり合うことになる。これはヤングの干渉実験と同様に考えることができ、波は干渉を起こす。写真8-2-1がその様子である。

白い点が各々1個の電子が検出された位置である。その位置は決して一定しない。つまり確率的なのである。電子がつぎにどこに現れるかを事前に知ることはできない。

ところがたくさんの観測を重ねていくと、はっきり干渉縞が現れてくる。これが波動性の具体的な証拠である。

つまり1個の電子は、波として仕切りの両側を同時に通過し、自分自身と干渉しながら検出器に到達する。干渉の結果、「縞模様」を生じることになる。電子はその「縞模様の予定地のどこか」に検出されるのである。

普段、私たちが見るマクロな世界では、粒は粒で波は波だ。いくら眺めても、飛んでいるボールは波には見えない。それが常識だ。しかしミクロの世界では、粒子か波動かどちらか一方しか見ない姿勢では、さまざまな現象を説明できない。

（山本明利・左巻健男共著『新しい高校物理の教科書』講談社）

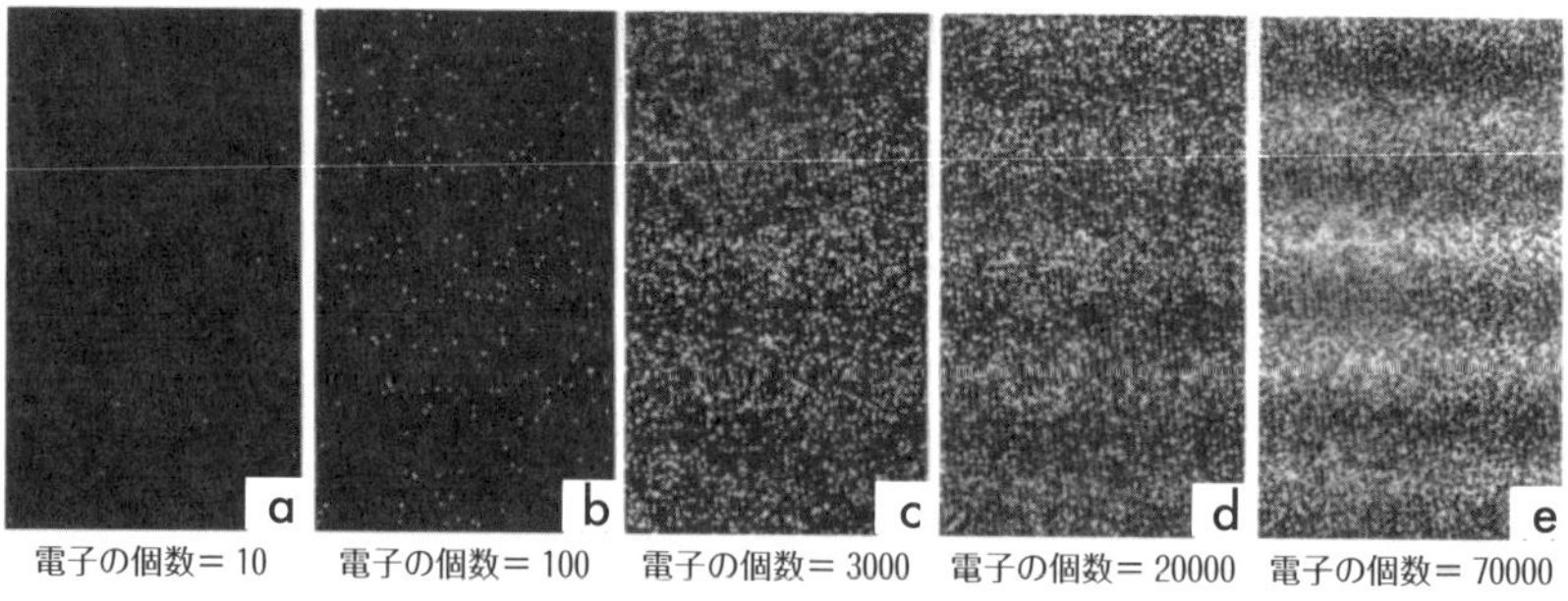

写真8-2-1　電子線バイプリズムによる干渉縞（外村彰『ゲージを見る』講談社より）

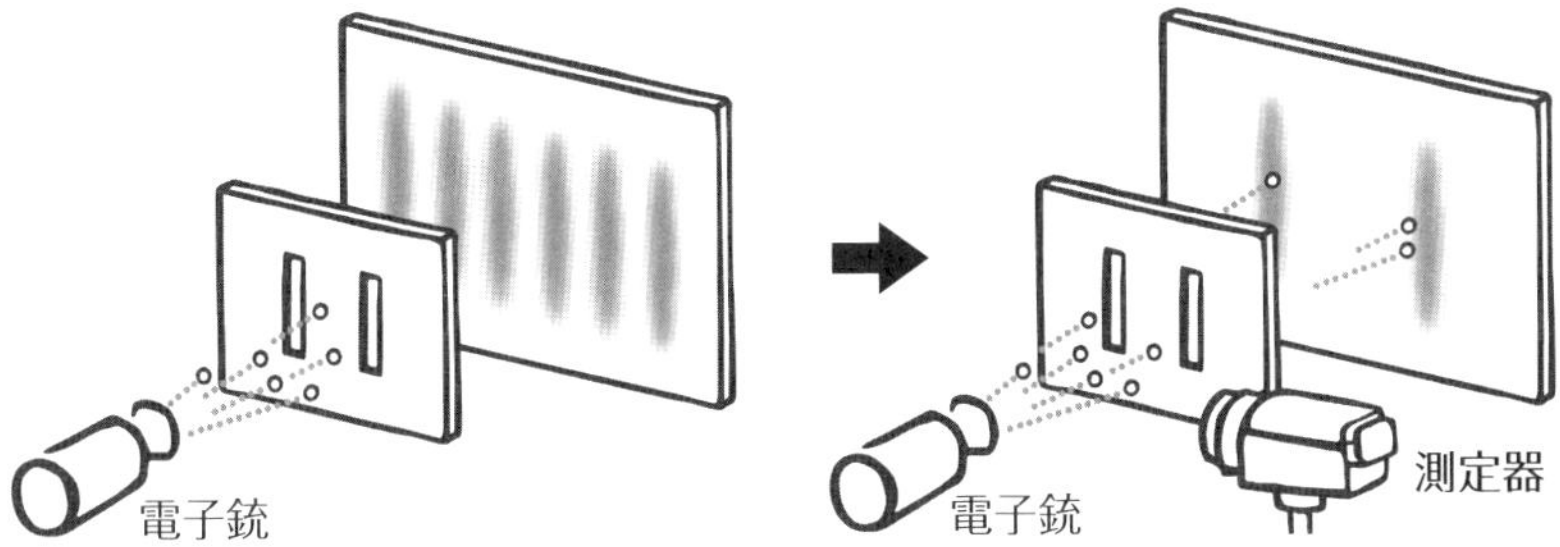

それまで干渉縞を見せていた電子が、測定器を設置すると波動性を失い粒子としての動きを見せ、干渉縞が発生しなくなる

この結果だけでも驚きです。電子が粒であり同時に波であることが証明されたのですから。しかし高校の教科書では干渉縞ができたところでおしまいですが、実はその先があったのです。嘘みたいな話が続きますが、何千回も繰り返された有名な実験ですので、間違いはありません。人類は科学の最先端を研究し続け、このような嘘のような事実に突き当ってしまいました。

この実験はヤングの実験を、電子を使って再現したものとみなせますので、以下は実験を簡略化して説明いたします。

実験者は電子がどのスリットを通過したかを証明するために、電子の測定器を両方のスリットに設置しました。スリットを電子が通過すると音がするなりして電子の通過が証明されます。

ヤングの実験でお示ししたように、干渉縞ができるためにはふたつの波が重ならないといけませんので、電子はふたつのスリットを同時に通過していなければなりません。電子の干渉縞を見た実験者は、ふたつのスリットの測定器が同時に鳴ることを期待していました。しかし、測定器は電子一個に対し左右どちらか一個しか反応しなかったのです。つまり、電子は一個の粒としてふたつのスリットのうちどちらか一個だけを通り抜けていたのでした。

しかし、驚くのはここではありません。実験の条件としては、測定機を設置したこと以外、何も変更点はないのですから、電子のスクリーンには当然干渉縞ができるはずです。しかし、驚くべきことに干渉縞はできず、直進した電子が残したふたつのスリットの痕だけが残されていたのです。

実験結果が変わってしまいました。

測定器がついたとたん、電子はその波動性を失いただの粒子になったのです。

測定機に問題があるのかを調べるための確認作業が念入りに行われましたが、結果は変わりませんでした。残された事実は、こうです。


測定または観測すると量子は波動性を失ってしまう。


電子銃に発射された1個1個の電子が、測定器をつけられたり外されたりしたことをどうやって認識するのでしょうか？　電子に我々のような感覚器や判断するための知能が備わっているはずがありません。この世界に存在する物質はすべて、それが置かれている「場の影響」を受けて作用します。つまり、電子1個1個は考えて行動しているのではなく、周囲の環境つまり場の影響を受けて性質を変化させるとしか考えられません。量子にとっての場とは、前述の「コヒーレント（共鳴状態）であるかデコヒーレント（共鳴現象が起こりにくい状態）であるか」という状況です。私たちが生活するこの3次元世界において、測定または観測するという行為はデコヒーレントな状況を作る行為だったのです。

量子に関しては先にご紹介した「量子トンネル効果」以外にも多くの性質や法則が存在し、それぞれが証明された事実です。これらを総じて「量子的な性質」と呼びましょう。驚くべきことですが、この3次元世界ではコヒーレントな状況では多くの奇跡的な現象を見せる量子が、デコヒーレントな状況になると、実験結果を変えてしまい量子的な性質を見せなくなってしまうのです。

本当に不思議なことが明らかになりました。

測定または観測という行為がどのような意味を持つのかは、まだよくわかっていません。科学者も答えの出せていない問題ですが、あえて私が考えた内容を書いてみたいと思います。

目で見たり、音を聞いたりする私たちの肉体が持つ五感は物理学の世界でいう「測定」や「観測」という行為と同じ作用を持ちます。つまり、私たちがこの3次元世界において五感で何かを感覚すると、それは同時に観測してしまう行為なので、瞬間にデコヒーレントな状態を作り、量子的な現象を霧散させてしまいます。だからこそ私たちは、五感で感じるニュートン力学的な世界しか実感することができず、そのような感覚に縛られて生きていると言えます。

少し言葉を変えてみましょう。私たちが肉体の五感で何かを感じようとしている状態は「意識して感じようとしている」状態です。この逆の状態はどういう状態でしょうか？　「無意識」の状態ということになります。意識と無意識については後述いたしますが、私たちの心の奥深くにある「無意識の領域」は、実は量子的にはコヒーレントな状態といえます。

人間の存在について考えるうえで、3次元世界にコヒーレントとデコヒーレントという状態があるということは、とても重要な事実ではないかと思います。

シュレディンガーの猫

医療者にとっての死

本題に入る前に、人間の生死の問題について具体的な話から始めます。

医療者にとって悩ましい課題のひとつに、安楽死の問題があります。

安楽死は回復が見込めない患者さんが、強い痛みや呼吸困難などの苦しみから逃れるため、自分から選ぶ死のことです。安楽死にも種類があり、行っている治療を医療者が中止する「消極的安楽死」と、患者さんの希望を受けて医療者が薬物を投与する「積極的安楽死」があります。

安楽死ではありませんが、医療の現場では終末期を迎えた患者さんが治療や食事を拒否して医療者を戸惑わせることもよくあり、そのようなケースも含めると、医療者が患者の生死にかかわる頻度は結構高いと思います。いずれにしろ、安楽死は患者さんの尊厳を重んじるための方法です。生死にかかわる医療現場の出来事を踏まえ、オランダでは安楽死が法制化され、正しく行えば医療者が罪に問われなくなり、世界中から注目されました。しかし現在の日本では、「消極的安楽死」は世論が認める方向に動いていますが、「積極的安楽死」は法的に認められていません。ですから日本国内で「積極的安楽死」に加担しようものなら、医療者は殺人の罪に問われることになります。

さて、私が医師になりたての頃は「心臓死」が「人の死」とされていましたので、できるだけ心臓が止まらない医療、止まっても蘇生して可能な限り生命が長く続くための医療行為が信奉されていました。心停止、呼吸停止を見たらとにもかくにも気管内挿管、心臓マッサージなどの蘇生をしていたものです。しかし最近は、延命を最上の使命とする医療が、ホスピスの普及や国民的な終末期医療の議論のなかで見直され、本人が望まない延命は行わないことが医療者の考え方の主流になってきました。そして生きている間に何度も家族や医療者と話し合って、本人の意思をはっきりさせていく手法が少しずつですが、定着しつつあります。この流れからいけば、もしかしたら日本でも安楽死が法制化される時代がくるかもしれません。

このように終末期医療の分野ひとつとってみても、生命倫理についての考え方は大きく変化してきたわけです。そして、臓器移植や遺伝子治療など新たな技術が開発されるたびに、人間の「生命とは何か」という問題に私たちは正面から向き合わなければならず、その答えが切実に求められるようになっています。

安楽死という単語が出てくるとおおごとのように感じますが、私自身が毎日老人ホームや患者宅で重症の患者さんの治療を行い、家族のつらい想いを聞き、職員たちと議論をしていることすべてが、差し迫っていないだけで患者さんの生死に接しています。実は医療者にとって、生死の問題は日常的なものなのです。だからこそ倫理的、法的に生死の問題が解決されなければ、医療者は内面に大きな葛藤を抱え続けなければならないのです。

そして医療者としてたくさんの死に接してきて思うのは、「何をもって生きていると考えるのか」という、生命の本質にかかわる問題が、治療方針や患者への説明をする上で欠かせない命題だということです。

今まで私たちは、心臓死や脳死という、からだの機能停止をもって人間の死と考えてきました。しかし本当にそれでいいのでしょうか？　肉体が活動しているかどうかというのは、ニュートン物理学または古典物理学を通して目に見えている人間しか扱っていません。

肉体が機能しなくなれば、その人は存在しなくなるという死生観が常識になっているので、我を通したい人は歴史を通して邪魔な人を殺してきたのです。ピストルで撃ったり、首を切ったりしたら、それで終わりですか？　そうではないのです。

生命倫理に関わる課題を解決するためには、ＤＮＡや細胞など、目に見える物質だけをみていてはいけません。量子力学が発達してきた現代は、物質の目に見えない姿を見つめることのできる時代なのです。

そしてシュレディンガーの問い

量子力学が非常に理解しにくい理由は、直感的なとらえにくさにあります。非常に興味があって勉強しようとするのですが、そうやって書物を読み始めた方のほとんどは、おそらく途中で頭を抱えることになります。

前述したように、量子力学的には、光は波でもあり粒子でもある存在です。私たちの住んでいる世界のどこに、「波動であり同時に粒子であると思えるもの」が存在するでしょうか。そんなものはどこにも存在しません。そう判断する理由は、物体つまり粒子とはそういうものであると私たちが経験的に知っていて、直観的に感じているからです。しかし量子力学的に言えば、光だけでなくすべての物体は波動としての性質も持っているのです。光だけならまだしも、すべての物体が波動性を持つというのです。混乱するなという方が無理な話です。しかし、直感と量子力学はどちらが正しいでしょうか？　もちろん量子力学です。私たちは量子力学を学ぶときに、直感を否定しながら計算を重ねて、真の物体の姿を探していくしかないのです。これはどれだけ骨の折れる作業でしょうか？

しかも量子力学には「不確定性の原理」というものが存在します。量子の位置や速度が一度に確定せず、測定されるまではいろんな位置や速度をとる可能性があって、そのどれでもあり得ます。位置や速度の値には取りやすい値と取りにくい値があって、その確率は計算できるのですが、確定的にこれだと決めることができません。

この世の物体に位置が決まらないものなどあるでしょうか？　ニュートン物理学の世界では、感覚的に予想した通りのものが見えます。だから目の前で手品を見せられると予想を覆されてびっくりするのです。

しかし量子力学ではニュートン物理学の直感が通用しません。そして量子を測定した瞬間、位置または速度が決定するのですが、測定されたものはずっとその位置、速度であったわけではなく、測定した時たまたまそこにあっただけだというのです。そんなあと出しじゃんけんのような理屈がありますか？　測定したから決まったというのです。

しかしこれが、私たちの身体や生活用品を形作っている物体の本質的な姿なのです。そのような目で見ていくと、私たちの存在はホログラフィーのような、実感を伴わないものであることがわかるようになります。

これは私たちが認識しているすべての物事について言えます。極論でもなんでもなく、私たちは最初から「世界そのもの」など見てはいないのです。見ていると思っているものはすべて、五感を通じて行われた「測定」と矛盾しないように構成された世界の想像図なのです。

世界は私たちが見ても見なくても変わらずにそこに存在し、私たちが見ようと思えばいつだってそのありのままの姿を見せてくれる。これが、私たちがずっと信頼してきた常識です。ところが量子は違います。ミクロ世界では、ある瞬間に何かが見えたとしても、次に見たときに同じものが予想通りの場所に見えるとは限りません。（中略）量子は本質的な意味で場所が定まっておらず、「見る」ことによって初めてその場所を確定させる、ということです。信じがたいことに、量子の世界では「存在すること」と「見えること」は同じではあり得ないのです。

（松浦壮『量子とはなんだろう』講談社）

ではこの項のタイトルになっている「シュレディンガーの猫」の話に入ります。

この言葉は波動方程式を導き確定した量子力学の大家、エルヴィン・シュレディンガー（1887～1961）が、量子力学の研究のなかで唱えられ始めた「重ね合わせの原理」を批判するために提唱した思考実験の名前です。

まず、「放射性同位体」という物を用意します。放射性同位体は原子核が不安定で、原子核が崩壊すると放射線を出すのですが、いつ崩壊するかはだれにも予測できません。すぐ崩壊するかもしれないし、1時間後かもしれません。このような場合、この放射性同位体は崩壊した状態と崩壊していない状態が「重ね合わさっている」と言えます。

さて、この放射性同位体と一緒に、放射線に反応してスイッチが入る毒ガス発生器を近くに準備します。この毒ガスは致死的で、猫も人も一瞬で殺してしまいます。ですから、放射性同位体が崩壊すると毒ガスが発生し近くにいた生物を殺してしまうことになります。これらの装置一式と一匹の猫を箱に閉じ込めます。この箱は頑丈で、外から猫が生きているか死んでいるかはわからないようになっています。これが、「シュレディンガーの猫」の思考実験装置です。

この箱のなかでは放射性同位体が崩壊している状態と崩壊していない状態が重ね合わさっているので、箱を開けるまではそのどちらの結果も測定されません。箱を開けた途端、猫の生死の状態を見て放射性同位体が崩壊したかどうかが測定できるのです。

放射性同位体の重ね合わせ現象と猫の生死は完全につながっているので、この状態は言い換えれば、生きている猫と死んでいる猫が重ね合わせの状態にあるということができます。

シュレディンガーの主張はこうです。

量子に重ね合わせ状態などという状態を認めたとするると、猫の生死という日常世界の概念にも重ね合わせ状態が存在することになってしまう。一方、日常世界は古典物理学の世界なので、重ね合わせ状態など存在しない。これは矛盾なので、量子の重ね合わせは間違った解釈である。

（松浦壮『量子とはなんだろう』講談社）

「重ね合わせの状態」という表現は、3次元世界に生きている私たちにとって、とてもわかりにくい表現です。たとえば右回りに回っているコマが同時に左回りに回っているということが、量子力学的にはありえるのです。「現在」という瞬間に3次元世界の物質（粒子）はひとつの状態しかとりえませんが、量子はたくさんの状態を同時にとりうるのです。それぞれの状態をとる確率が違うだけで、すべての確率を合わせると1になります。このような状態を3次元的に表現する方法がないので、「重ね合わせ」と表現するしかないのです。状態の種類が表と裏のふたつしかないならば「表裏一体」という表現も可能でしょう。

シュレディンガーには、目の前にいる猫が「生きている状態」と「死んでいる状態」に同時にあるなどということがどうしても理解できませんでした。今現実に目の前で生きて動いている猫が死んでいるはずがないではないですか。そういえば「北斗の拳」というマンガに「お前はすでに死んでいる」という有名な決め台詞がありました。生きているが同時に死んでいる、そんな感じでしょうか？　あの場合、敵は死んでいることに気づいていないだけで後で死にますので、正確には「重ね合わせ」でないのですが……。

このようにシュレディンガーは、重ね合わせの原理が間違っていると主張しました。現代において重ね合わせの原理自体はすでに間違いない事実だとわかっていますが、未だにこの実験に対しては論争が続いており、現在でも結論がでていません。

しかしこの主張を通して本当にわかることは、「肉体が機能しなくなればその人は存在しなくなる」という死生観に、シュレディンガーがとらわれているということなのです。このような死生観を持つ人には絶対にこの思考実験は解決できません。

しかし私はすでに答えは出ていると考えます。

生と死が重ね合わせの状態になっていると、すんなり認めれば済む話だからです。生と死が排他的ではないと考えるのです。猫が人に代わっても構いません。量子が集まってできている私たちは、量子のような存在なので、目に見える日常世界に縛られた目で見る必要はないのです。私たちが生も死も重ね合わせて、時空を超越した存在であることをこの思考実験は示していたのです。

生死が重ね合わさっている存在とはどんな存在でしょうか？　生死を超越した存在です。生死を超越する存在とはすなわち死ぬことがない存在です。

父の命令は永遠の命であることを、わたしは知っている。（『新約聖書』「ヨハネによる福音書」12章）

ニュートンやマクスウェルが確立した古典物理学は、目に見える世界の現象をみごとに説明しました。しかし、20世紀になり原子の存在が広く知られるようになると、相対性理論や量子力学が発展するようになります。目に見えない素粒子の世界が、私たちの目に見える直感とかけ離れた性質をもつことがわかり、その知見が物理以外のあらゆる分野に応用されるようになってきました。最先端の科学は新たなものの見方をするよう、あらゆる分野に働きかけています。

私たちは新しい量子力学の観点から、本質的な人間の存在について見つめなおす時期を迎えているのです。

人間が量子力学的存在で生死を超越していると考えると、人間の生命がものすごく貴重であることがわかります。どんな人でも20万年生きてきた代えがたい存在だからです。災害にあったりして、不慮の死を遂げたとしても、いなくなりはしないということなのです。だから自殺をしても意味がありません。死んでも自分がいなくなるわけではないので、苦しみから逃れることができないからです。さらに殺人などはもってのほかです。まったく無意味な行動であることを肝に銘じなければなりません。政治的な迫害を受けたり、無慈悲な苦しみを受けている人もいるでしょう。そのような人にとって、肉体を持つ人生がすべてではないことを知ることは、ひとつの希望になるのではないでしょうか。

科学と宗教のめざすもの

ク・セ・ジュ？（私は何を知るか？）

まずこの項の本題に入る前に、モラリストについて代表的な人物とその考え方をご紹介します。

モラリストとは16世紀から17世紀にかけてフランスにあらわれた、随筆やエッセイなど自由な文体で人間を考察し、人間の生き方を探究した人たちです。時代背景として新旧教の対立の激化があったため、それらの争いから距離を取った立場で宗教の教義に縛られず、自由にまた客観的に人間や自然、神について考察しているのがモラリストの特徴です。代表的な人物として紹介したいのはモンテーニュです。

ミシェル・ド・モンテーニュ（１５３３～９２）はフランスのボルドー地方の領主の家に生まれます。ボルドーで法務家として働いたのち、38歳で引退して「モンテーニュの塔」と呼ばれる建物で隠遁生活を送りました。そこで執筆されたのが「エセー」です。キリスト教の宗教改革の先導者であるルターが「95カ条の論題」を発表したのが１５１７年ですので、モンテーニュが生きた時代はドイツにおいてカトリックの擁護者たる皇帝とルター派諸侯の対立が激化し、ジュネーブではカルヴァンが独自の新教運動を進めた時期です。

モンテーニュの暮らすフランスではフランソワ1世をはじめ、歴代の王がユグノーと呼ばれるカルヴァン派新教徒を弾圧しました。そのため新旧教徒の対立は宮廷内の政争と結びついてユグノー戦争（１５６２～９８）にまで発展してしまいました。このような時代に隠遁し思索するモンテーニュは、新旧教徒の対立を間近に見ながら、自分の思想や信仰を絶対視する人間の思い上がりが対立を生むという結論に達しました。「私は何を知るか？（ク・セ・ジュ？）」と自分に問いかけながら、どのような思想についても、常に自ら吟味し、独断をしない懐疑主義を唱えました。

「自分は真理を探究中であるから、何事についても断定的な判断をしない」というモンテーニュの思想は私にとっても非常に共感できる考え方です。またこのような考え方をすると、他者に対して寛容になれるのではないかとも思います。

私は、中学高校はカトリック系の学校に通っていました。

高校生の時、倫理の授業はカナダ人のブラザーが担当していて、一年をかけて『旧約聖書』の「出エジプト記」を読んだ記憶があります。そのブラザーは小太りな方で白人系でした。ずっと学校内に住んでおられることは知っていたのですが、他のブラザーと比べても日本語がうまいとはいえず、日本での修道生活には不満があったのかもしれません。授業も嫌々している感じがして、学生もあまり熱心に授業を受けていなかったように記憶しています。

倫理の授業が始まって一年経過したので、年度末の定期テストに倫理の試験も加わりました。一応、学生は全員授業を受けたので、単位を取得するための最低点は全員がもらえることになっていました。

さて、試験が始まり問題用紙を見たのですが、ほぼ白紙の答案用紙の上の方に問題が書いてありました。「出エジプト記」の内容を問う短い文章が、2行くらいだったと思います。問題への回答は、思いついたことを何でもいいから書きなさいといった感じでした。

試験開始のチャイムが鳴った時、なぜか私の心に火が点きました。そのブラザーに対する怒りではありません。私の心のどこかに、倫理という科目はこんなに簡単に済ませていいものではないだろうという感覚があって、もう二度と受けることはないであろう倫理の試験をいいかげんにやり過ごすことはできない、自分のなかにある考えを書き尽くさなければならないという思いが湧き上がってきたのでした。

その時答案に書いたことはよく覚えていますので、要約して書いてみます。

なぜキリスト教がすべてで、ほかの宗教はダメだという態度なのか？　それではいつまでたっても他の宗教と折り合いがつかない。いずれかの宗教が一人勝ちするまでこのような言い争いが続くのなら、世界各地の紛争はいつまでも終わらないではないかと。

たとえば、私は高い山の頂上にある一軒家に住んでいるとします。その家には四方に窓がありその窓から美しい風景をみることができます。それぞれの窓から見える景色は同じでしょうか？　東西南北の景色なので、まったく違う景色が見えるでしょう。太陽の位置も違うでしょうし、山の形や湖の位置や形も違って見えるでしょう。窓枠で切り取った景色をそれぞれ絵画や写真の作品として観るなら、４つの景色は全く異なった作品になります。

次に鳥になってその家の上を飛んで、上空から風景全体を見てみてください。また周りの景色をみてください。どのように見えますか？　窓からの風景と違うものですか？

窓を通してみていた時は、四方それぞれ全く違う景色を見ていたと思っていたのに、実は見ている私が小さい家、小さい窓枠に縛られていて、景色全体を見られずにいたことが分かります。

いろんな宗教も同じではないですか？　神様や森羅万象は宇宙のどこに行っても同じように存在し、誰にでも共通に作用するのに、どうして住んでいる地域や信じている人によって違うものになるのですか？　自

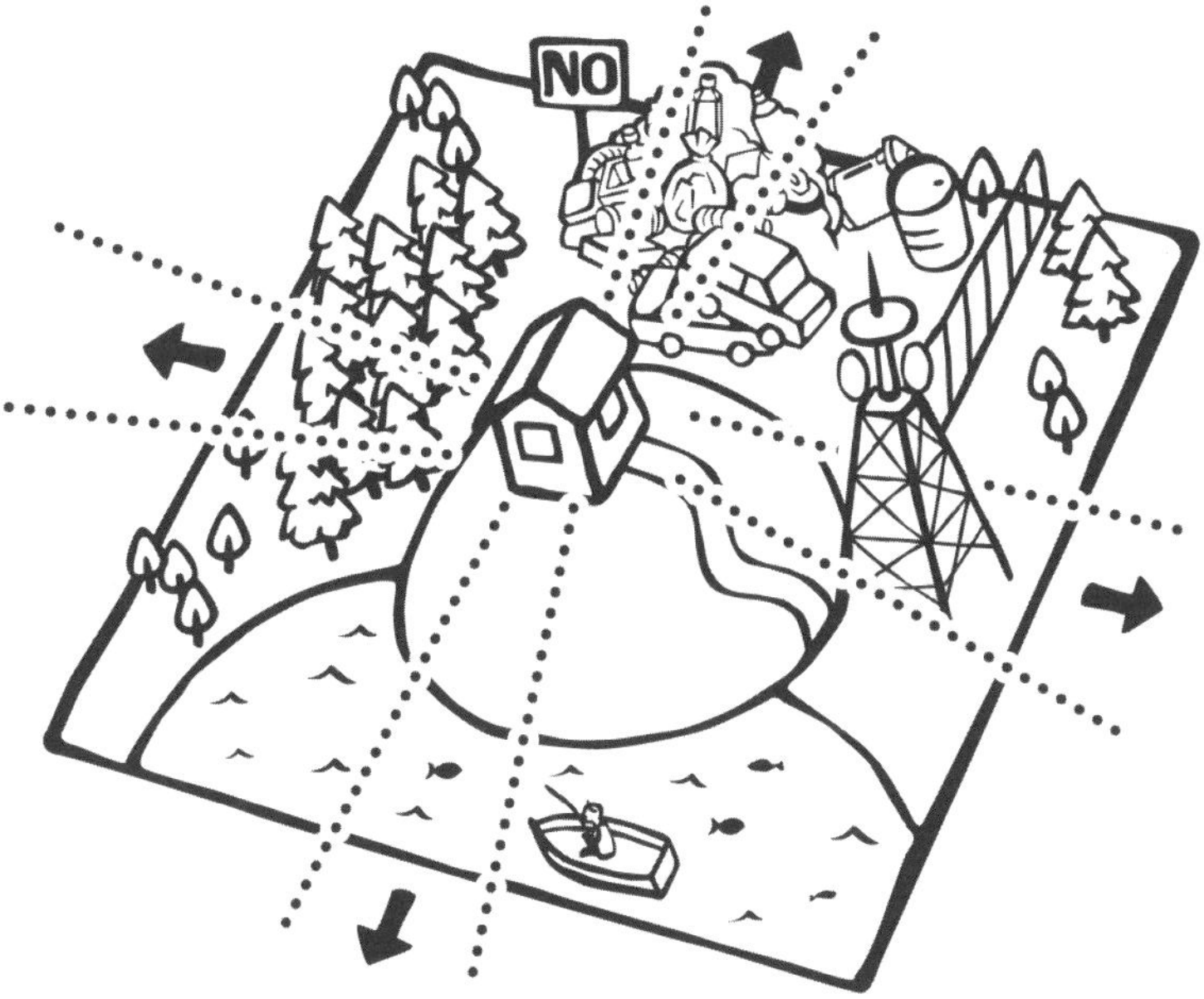

分という窓枠を通して見ているから、他の人の窓枠からの景色と異なって見えているというだけのことではないのですか？　本来であれば、たとえ話の鳥のように、上空から全体像を見なければならないのではないでしょうか？

なんとかならないんですか？

このような内容の文章を一生懸命書きました。用紙の表だけでは足りず裏にも書いた気がします。

これだけ真摯に書いたのだから、宗教者であるブラザーには通じるだろう、もしかしたら満点になるかもしれないとなぜか思っていました。

しかし結果は最低点。今思えば問題の回答をしていないのですから、当たり前なのですが……。

高校生の時に書いた文章ですが、今でも私の考えの基本になっています。まず森羅万象に通じる基本原則が先にあり、それに基づいて現実の世界ができているという考えです。そしてその考えは、見える世界について考えるときも見えない世界について考えるときも、同じように使うことができます。

もう少しかみ砕いてお話ししましょう。

私たち人間が見える世界も見えない世界も合わせて、森羅万象を解き明かそうとしてきたのが今までの歴史であると言えます。

見える世界については、科学は万人がどこでも同じように再現できる実験を基礎にしていますので、すごいスピードで発展し、真理を明らかにしてきました。例えばイギリスでニュートンが見つけた万有引力の法則は、日本でもアメリカでもオーストラリアでも同じように働きます。だから法則に従って計算をすることができ、国が違っても各地の遊園地では同じようにジェットコースターが事故を起こさずにくるくる回っています。明らかになった科学の法則は医療や建築工学など様々な分野で惜しみなく利用され、次々に技術革新が起こっていますが、それらの技術は世界中どこでも利用できますし、もし移動することができるなら、宇宙のどこに行っても同じように法則が働いているので、技術が利用できると断言できます。

当たり前ですが、この宇宙はビッグバンから始まった源を同じにする単一の世界です。宇宙の隅々まで同じ法則が働いて運行しているということは絶対に間違いのないことです。科学の分野でも明らかになっていないことはいっぱいありますが、私たちがそれらすべての法則を知っているいないにかかわらず、科学の法則に従って宇宙は運行しています。

ニュートンは万有引力を見つけましたが、ニュートンが生まれる前から現在に至るまで、万有引力の法則は変わらず働いています。つまりここで言えることは、法則を見つけたのは科学者ですが、法則を作ったのは科学者ではないということです。あくまでも科学者は、すでに存在している法則を解明して明らかにしただけです。もしニュートンが法則を発見できなかったとしても、誰か別の人が発見していたということは間違いありません。ニュートンの生き方や研究姿勢が素晴らしかったので、世界で初めて法則を発見するにふさわしかったわけで、称えられるべきは彼の生き方です。

同じようにDNAの二重らせん構造を明らかにしたワトソンとクリックや、相対性理論を発見したアインシュタインなど、たくさんの素晴らしい科学者が、素晴らしい仕事を通して多くの法則を明らかにしてきました。しかし重要なことは、彼らが発見しようが発見するまいが、法則は原初から存在し変わらずに運行しているということです。彼らが何かを創造し、創り出したわけではありません。

また見えない世界に関して言えば、歴史上の聖賢が世界の仕組みを少しずつ解き明かしてきましたが、それはたとえ話に出てきた山の上の家の壁に窓枠をひとつずつ開けるような作業で、家を取り払って全体を俯瞰できていたわけではありません。もしくは俯瞰はできていたけれども、その当時、周囲にそれを理解できる人間がいなかったので、そのまま話すことができなかった場合もあったと思います。そのような時は、たとえ話や儀式、記号などにして後の世に伝えようとしたと私は考えます。ですから21世紀の現在、世界中に数多くの宗教や宗派が分立していて、見えない世界に関する統一された見解はいまだにありません。

さらに難しいことに、「悟り」というのは知識のように覚えれば済むものではないため、簡単に伝えることができません。そのため、世代が変わるごとに何回も伝言ゲームが繰り返され、本来の意味と違うものに変化してしまうのです。そうなると悟った人の教えと言われていたものも、言葉の解釈が変わり、別の言葉が加えられ、大事な部分が省かれ、そして力を失い、始めの言葉とは違ったものになってしまいます。だからこそ、たまに悟った人が現れて伝わった教えをリニューアルする必要が出てくるのです。その度に新しい宗派が生まれてしまいます。このようなことを続けていては収拾がつくはずがありません。

私は見えない世界も見える世界と同じように、宇宙全体に通じる法則のなかで運行していると考えます。

今まで生まれてきた道人や聖賢は科学の法則を解き明かそうとする科学者と同じように、見えない世界の法則を解き明かそうと生涯を捧げてきました。科学者が世界で初めての発見をするように、見えない世界についての発見をされた方が数多くおられたのだと思います。ですから私たちはお坊さんなど聖職者たちを通して、亡くなった両親や先祖をどういうやり方で供養したらいいのか、結婚するときはどのように誓いを立てたらいいのかなど、多くのことを聞いて教わることができます。どんなに無神論者だといっても、そのようなことを無視して社会で生きていくことは難しいのです。どんなに科学万能だといっても、お葬式には出て手を合わせるでしょう？　それを無意味だといって拒否する人はほとんどいないと思います。

そうであるにも関わらず、残念ながらお葬式や結婚式の方法や死後の世界についての考え方などは、世界中でバラバラです。つまり、山の上の家は残ったままで、たくさんの窓枠が開いているままなのです。

宗教の儀式

私は宗教の世界も科学の世界と同じように、ひとつの法則で運行されていると考えています。そして異なる時代背景や環境の違いから、多くの宗教が出発し真理探究の道を手探りでおこなってきましたが、未だ全て解き明かされていないために、各宗教で断片的な景色しか見えなくなっているとみています。なぜ宗教の世界に「法則」という単語を用いるかというと、世界各地に似たような風習があり、なんらかの規則が隠されているのではと感じさせる現象があるからです。

例えばハロウィンは日本では仮装パーティーをする日になっていますが、もともとは先祖と一緒に悪霊がたくさん降臨してくるという、ケルト人の伝承に由来しています。その日は先祖のいる死者の世界と現世を隔てている扉が開くそうです。日本にも同じような風習があります。お盆には地獄の窯のふたが開くと言われていて、先祖が家に戻ってくるのでお迎えします。韓国では旧暦の8月15日に一斉に先祖をお祀りします。別々の地域で同じような風習があるのは、見えない世界に「先祖が大挙して子孫の元を訪れやすい日がある」という法則があって、それを現世の人が「しきたり」として残しているからであると私は考えます。それぞれの地域で訳も分からないまま続けられている風習のなかに、なんらかの見えない世界に関する法則が隠されているとみるわけです。

いくつか実例をあげてみましょう。

日本には禊《みそぎ》という言葉があります。神聖な場所に行ったり、神聖な人に会ったりする前に水浴をして身体を清める行為を意味しますが、神社の入り口には禊をする場所があり、柄杓《ひしゃく》を使って清らかな水を汲み、口をゆすぎ、手を洗って簡易的に禊をしてから参拝を行うようになっています。また日本人が禊をするという慣用句を用いた場合、罪や過ちを犯したことを清算するという意味を持ちます。カトリックで幼児洗礼を行う映像をよくみますが、『新約聖書』にはイエスが川に入り、洗礼者ヨハネに頭から水を注いでもらって洗礼をしてもらう場面が出てきます。お風呂に入ったり、シャワーを浴びたり、海水浴をしたりという日常的な行動とは一線を画して、清らかな水を用いて身体だけでなく心まで洗うという行為が、宗教的な意味合いを持っています。

火を用いる儀式もあります。日本では、お盆にご先祖様の霊を家に迎えるにあたり迎え火を焚き、帰られる時には送り火をするという風習があります。世界各地に火を用いるお祭りはたくさんあると思いますが、日本は樹木の多い土地柄で木造建築が多いせいか、火を用いやすかったのかもしれません。密教では護摩を焚きますが、この儀式はもともとインドの儀式に由来するそうですので、ヒンズー教やその源流であるバラモン教、もしかしたらイランのあたりで栄えたゾロアスター教の教義に由来するなんらかの意味を持っているのかもしれません。

生贄《いけにえ》を捧げる儀式も世界各地で行われてきました。古くはフェニキア人が赤ん坊を神に捧げる儀式を行っていましたし、アステカ文明では幼い子供が捧げられていたことも有名です。神に捧げるものとしては、清く純粋なものでなければならないということで、純粋無垢で清いとされていた子供を捧げていたと考えられます。人を生贄にすることは極端な方法で現代まで続きませんでしたが、代わりに動物や食物を捧げる儀式は現代にも受け継がれています。この儀式には、食物を得られたことに対する感謝の気持ちを捧げるという意味合いもあるとは思いますが、もっと深い意味合いとして、人間は穢れているので神様に直接通じることはできない、そこで清いものを捧げる行為を通して、神様と交流するという意味合いがもともとあるのではないかと思います。祭壇に上げた食べ物を後でいただくという行為にも、神様からいただいた神聖なものを身体にとりこむという、宗教的な意味合いが多分に含まれていると思います。

仮面をかぶって踊りを踊るという儀式もありますし、棒で地面をたたくような風習もあります。他にも音楽や香りを用いた儀式も多数あり、それぞれに宗教的な意味を持った儀式に用いられています。

また、神様に祈るときの作法も宗教ごとに事細かく決められています。日本の神社では拝礼や柏手の回数が決まっていますし、玄関に塩を盛るなど穢れを祓う方法も現代に受け継がれています。

分かりやすく例をあげるつもりで書いてみましたが、次から次へと思いつきますので、世界各地で調べれば本当にたくさんの宗教的な儀式があるのだと思います。

ヨガをする人に聞くと、深く瞑想していくと身体が融けてしまって、周囲の世界とひとつになっていく感覚があると言います。私は瞑想をすると重力がなくなる感覚があるのですが、いろんな形で3次元の肉体を離れていく感覚を得ることができるようです。

座禅や祈り、瞑想は心を雑念から解放させる宗教的な行為ですが、量子力学的に言うと、物質（粒子）から波へとシフトする、つまり心をコヒーレントな状態にしていく行為とみることもできます。現代では元々の意味が失われてしまったたくさんの宗教的な行為はもしかしたら、3次元の関係にとらわれた心を量子的な状態にするスイッチのようなものかもしれませんね。

見えない世界の数理性

宗教において儀式と同じように重要なのは数理性です。古代ギリシアにおいて、「ピタゴラスの定理」で有名なピタゴラスは数理性を説く宗教を興し教団を率いていたそうですが、科学が発達するはるか以前から天候や星の運行など、暦に関する知識と関連することもあり、数字には非常に意味があるとされ研究されてきました。

東洋思想において有名なのは陰陽五行説です。事物は必ず陰と陽のふたつの側面を併せ持っているといいます。例えば、目の前に何でもいいので物体を置いてみてください。この本でもいいです。そうすると必ず光があたっている面と、光があたらず影になっている部分があります。磁石がN極とS極に分離できないように、陰と陽を切り分けることはできず、全ての事物は陰と陽の性質を併せ持っています。ただ、陰の部分が多いのか陽の部分が多いのかという違いがあるだけです。

また全ての事物は木火土金水の要素が関わりながら生成されているという考え方です。この陰陽五行説は東洋の多くの思想に大きな影響を与えているのですが、その考え方の元になっているのが「河図《かと》」「洛書《らくしょ》」です。それぞれ黄河と洛水から出てきた動物、龍や亀などの空想上の動物が持ってきたと言われる図です。上下左右に白と黒の点が並んでいるだけの図ですが、これを読み解くことで易や風水など多くのことが分かるようになったと言われています。

例えば1から10までの数にしても奇数と偶数があります。奇数が陽の数で偶数が陰の数です。五節句と言って陽の数が重なる日を東洋では大事にしてきました。1月1日は元旦、3月3日はひな祭り（女の子の日）、5月5日は子供の日（男の子の日）、7月7日は七夕。日本では4つしか祝いませんが、中国では9月9日を重陽の節句と言って一番重視しています。また一年や一生も12数を3つずつに分け、3か月ごと3年ごとに運勢が移り変わっていくとみたり、十二支に動物の名前を充てて年ごとの性質を表わしたりしています。その1年が動物と関係あるわけではなく、その年の持っている数字の性質を分かりやすくするために動物に例えているだけです。数字自体に意味を見出し、占いなどに用いるのが数理学です。

数理性と似ているのですが、歴史はらせん状に繰り返すと言います。同じような出来事がある一定の期間を経て繰り返すように見えることがあります。歴史にも数理性があると私は見ています。

話が長くなりましたが、目に見えない世界にも法則、理論があるために、現実世界に法則やしきたりという形で表れていると私は考えています。だからこそ科学と同じように見えない世界を探求することで、今まで分からなかったことが明らかになったり、習慣性のまま意味が失われてしまったしきたりの本当の意味が探し出されたりすると思います。

大事なことは、見えない世界に関するいろいろな仮説を比べて正偽を判定してはならないということです。逆に「すべてが真実である可能性を否定しない姿勢」が重要ではないかと思うのです。もしかしたら自分の宗教のなかで気づいていない部分について、他の宗教のなかにその気づきが入っているかもしれないからです。例えるなら高い山に登る登山者のようなものです。いろんな登山道から出発するので、スタートした時は誰がどこから登っているのか分かりません。たとえスマホで連絡を取り、周囲の景色の写真を交換し合っても、スタートの時点ではまったく違う景色をみているので、同じ山を登っているのかどうかさえ分かりません。しかし頂上に近づくほど他の道を登ってきた相手の声も聞こえるようになり、景色も似たものを見るようになるでしょう。最終的に頂上に到達すれば、別々の道から登ってきた者同士が同じ景色を共有することになります。

見えない世界の法則を探求していけば、最後はどうなるでしょうか？　どのような過程を経て探求しようと、最後は同じ世界観に到達するはずです。森羅万象の法則が私たちよりも先に存在していて、私たちはそれを解き明かそうとしているのですから。

最先端の科学である量子力学は、目に見える3次元世界の常識をとりはらってくれました。もしかしたら今後、宗教の追い求めてきた見えない世界すら、研究対象にすることができるかもしれません。科学者は「オカルト的なもの」に立ち入ることを嫌います。ですから、宗教と科学は今まで折り合いをつけられずにきました。

しかし、山の頂上が見えてきたなら、宗教も科学も同じ景色を見るようになることこそ、自然なのではないでしょうか？

最後にもう一人モラリストをご紹介いたします。

ブレーズ・パスカル（1623〜62）は「考える葦」という言葉で有名なフランスの数学者、物理学者です。物理の世界では「パスカルの原理」を発見したことでも有名です。彼は39歳で早世するのですが、彼の思索集『パンセ』は難解ながら示唆に富む内容です。彼もモンテーニュと同じモラリストに数えられる思想家ですが、31歳の時の深い信仰的な体験をきっかけに、信仰者としての立場を持ちながら、しかしそれまでの形式的な信仰観にとらわれない思索を行っています。彼の生きた時代は、モンテーニュよりも100年ほど下ります。この時代の人たちのなかでは宗教間の対立を経て無神論的、厭世的な雰囲気が広がっていたようです。そのような時代に時間を浪費する生き方、賭博や飲酒など気を紛らわせるようにして生きる姿をみて、パスカルは思索を重ねたようです。

人間というものは、どう見ても、考えるために創られている。考えることが人間の尊厳のすべてなのだ。人間の価値のすべて、その義務のすべては、正しく考えることにある。ところで、考えることの順序は、自分自身から始めることだ。言いかえると、自分自身を創った創造主とその目的から考えはじめるのが正しい順序なのである。

ところが、世間の人は何を考えているのだろう？　少なくとも、いま言ったようなことはけっして考えない。ダンスをしたり、リュートを弾いたり、歌を歌ったり、詩をつくったり、鉄環取りの遊び（馬を走らせ、槍の先で鉄製の輪を取る遊び）をすることしか考えていない。さらには、戦ったり、王になったりすることを考える。王とは何か、そして、人間とは何かなどはいっさい考えることもなく。

（鹿島茂『パスカル　パンセ』断章146、NHK出版）

宇宙の沈黙

人間の盲目と悲惨とを見、沈黙している全宇宙をながめるとき、人間がなんの光もなく、ひとり置き去りにされ、宇宙のこの一隅にさまよっているかのように、だれが自分をそこにおいたか、何をしにそこに来たか、死んだらどうなるかをも知らず、あらゆる認識を奪われているのを見るとき、私は眠っているあいだに荒れ果てた恐ろしい島につれてこられ、さめてみると自分がどこにいるのかわからず、そこからのがれ出る手段も知らない人のような、恐怖におそわれる。

（前田陽一他訳『パンセ』世界の名著24、中央公論社）

宇宙について、また自分の存在についてまず考えること、その大切さを説いている文章だと思います。何気なく時間を浪費して過ごすのではなく、わからないことを考え続けることが重要だと感じます。

またこうも言っています。

空間によって宇宙は私をつつみ、一つの点のように飲みこむ。考えることによって私は宇宙をつつむ。

（小寺聡編『もういちど読む　山川倫理』山川出版社）

パスカルの生きた時代には大陸合理論で有名なデカルトが活躍していました。パスカルと直接交遊もあったそうですが、パスカルはデカルトの考え方を「幾何学的な思考しかしていない」と評価しています。パスカルは科学者でもあったので幾何学的な思考もできましたが、繊細で直感的な思考も必要だと説いています。だからこそ無神論的な考え方が幅を利かせていた時代に、信仰の道を説くことができたのではないかと思います。私は個人的にもこのパスカルのナイーブさに共感を持ってしまいます。

愛情について

「愛情」という自然現象

ここで少し趣向を変えて、愛情について考察してみたいと思います。

人間を語るにおいて、愛情の問題は避けて通れません。

愛情は不思議です。勝手に生じて、人の心を振り回します。一旦愛情にとらわれてしまうと、仕事は手につかなくなってしまいますし、深い愛情は人相まで急激に変える力を持っています。

これほど人類の本質にかかわるにも関わらず、これほどわかっていないものはありません。インドでも中国でも、アフリカでも欧米やイスラム世界、もちろん日本でも愛情のない世界はなく、愛情がなければ子孫の繁栄がないのですから、人類が生きているところには必ず愛情があると言っていいでしょう。人種を超えて愛することができるからこそ、人種を超えて結婚もできますし、子孫を生むことができます。平和な世界につながる希望が愛情に含まれているようにも思えます。一方で、愛情は嫉妬や憎しみを生み、歴史的にも、現在の社会でも多くの犯罪の原因になりました。

とにかく何よりも私たちの幸せと一番かかわりのあるものです。愛情という単語ひとつではとても表現できない多くの内容が含まれていて、私たちの存在に根本的にかかわるものであるからこそ、いろんな要素がごっちゃになり、なんでもかんでも一緒くたになってしまって、現代社会の混乱のもとになっているとも思います。ですので、ここで私なりに愛情の法則について考察してみたいと思うのです。まずは愛情の定義です。

愛情は「場」によって発生する。

愛情は目に見えないもので、どこにあるかもわかりません。また量を測ることもできないため、歴史的に科学の対象にはなってきませんでした。しかし、愛情は突然私たちの心を強く捕らえ引き寄せるのですが、その性質が「場」のところでお話しした「重力場」に似ていると私は思いました。この世界の空間は愛情の「場」によって凸凹になっていると考えてみたのです。平面にくぼみがあれば、ボールが勝手にくぼみに引き込まれてしまうように、愛情の「場」が存在する空間に人が存在すると、反応して愛情の流れが生じると考えるのです。このように考えると愛情の性質をいくつも整理できます。

愛情は勝手に流れ出します。つまり自然現象です。

そのためにまず強調したいのは、愛情は、私たちがもともと持っているものではなくて、「場に反応した結果」だということです。そしてその強さや大きさは、どれだけ「場」に強く反応したかで決まります。

私は常々、それぞれの人が持っている愛情に多い少ないの違いがあるのだろうかと疑問を持っていました。そのように考えるといくつも疑問が湧いてきます。愛情の量に多寡《たか》があるとすれば、それは生まれつきのものなのか？　愛情の少ない人は生きている間に鍛えて増やすことができるのか？　また愛情が冷めるといいますが、日によって量が上下動したり、消耗してなくなったりするものなのか？　それらの疑問について考えを進めていくと、矛盾する点がいくつもあります。

そしてその思索の答えとして、「私たちは愛情をお金や食べ物のように、どこかに蓄えておけるものと思い込んでいる」のが間違いのもとなのではないかと考えるに至りました。あたかも財布やバッグに入れて持ち歩けるもののように……。

それが、愛情が「場」によって自動的に生じる「自然現象」だと考えると整理できるのです。

具体例をあげて愛情について分析してみましょう。

今朝、老人ホームで見た光景をご紹介します。

老人ホームには重度の認知症の方々がおられます。今日一日をデイサービスで過ごされる方々が、入り口で送迎の車を待っておられました。入り口に並べられた椅子にかわいいおばあちゃんたちが何人も並んで座っていたのですが、そのうちの一人がカーディガンを羽織り始めました。しかし、なかなか思うように袖を通せず何度も何度もやり直しますが、うまくいきません。すると、隣に座っていたおばあちゃんが（この方も重度の認知症でマスクをはめるのも一苦労の方です）、自然な動作でカーディガンを羽織るのを手伝われたのです。まるで我が娘の世話をするように、普通に背中に手をまわし、手伝われるのです。その表情がなんとも言えない慈愛に満ちた表情でした。たまたま隣に座られていましたが、これまでの人生では接触をもったことのなかった女性たちです。他人同士だったといっても過言ではありません。それなのに、たとえ認知症のため自分の身の回りのことすらスムーズにできなくても、気にされません。自動的な動きでした。人が人の世話をしようと思うのは、本当に自然なことなのだと深く感動しました。

もうひとつは私の愛犬の話です。

我が家には5歳の雌のヨークシャテリアがいるのですが、私が帰宅すると毎回ものすごく興奮して迎えてくれます。私が玄関の扉を開けるのが待ちきれず、吠えながら、ウロウロしています。そして私が玄関から家に入ると短い尻尾をこれでもかというくらい左右に振りながら、私の指を何度も何度も舐めてくれます。そして食卓へ私を先導し、私が座ると私めがけて助走をつけて走ってきて、飛びかかるようにしてまた指を舐めてきます。そして最高潮に興奮しているときは顔を床に擦りつけだすのですが、じっとみていると人間がでんぐり返しをするような感じで、ころりと横になり、おなかを見せて撫でてほしいという仕草をみせます。

このような姿をみながら、愛情とはなんだろうと考えてみました。最初は単純に愛犬が私のことを愛してくれているのだと思っていました。しかしよくよくじっくりと愛犬の立場で考えてみると、彼女が「私から愛されていると感じている」ことに気づきました。彼女は愛されてうれしいことを一生懸命表現しているのです。その表現が素直で一生懸命なので、その姿が愛らしいのですが、愛情の構図で考えると愛犬が私から愛情を受け、そしてその喜びを表現していることになります。つまり、2点間で愛情が流れるとき、1点からもう1点に対して愛情が流れ、愛情を感じたほうは何らかの表現をするということになります。

大事なポイントは、私は特に愛犬を愛そうと意識していないということです。
愛そうとして愛が流れ出すのではなくて、愛の対象と出会った瞬間にもう愛情は流れているのです。
そういえば私たちも、愛されていると感じればうれしく思うものです。人間は表現が複雑なのでわかりにくいのですが、女性であれば仕草が美しくなるでしょうし、医学的に見れば瞳孔が開くのがわかります。花であれば美しく咲き、動物であれば喜んで対してくれるでしょう。そのような姿を「かわいさ」といってもいいかもしれません。子供が親に素直に喜びを表現したとき、これほどかわいいものはないと感じるでしょう？　いとおしくて仕方がないときには、さらに愛情が流れるのだと思います。この時も自動的に流れます。

「愛情を流す主体」があり、それに「愛される対象が反応する」というのが愛という現象であるといえます。特に対象の反応を「愛の反応」とよぶことにしてみましょう。愛情に対する喜びが大きければ大きいほど、愛の反応は強く大きくなります。そして愛情が流れてくると本当にうれしくなるので、愛の対象は愛情があるところに寄って行くようになります。不思議と人気がある人がいますよね。その人の近くにいると安心したり、癒されたりするのです。不思議に会いたくなってしまう人というのは、その人のまわりに愛情の「場」が形成されていて、愛情を流してくれる人なのです。

そのような人は愛情をたくさん流してたくさん失っているようにみえますが、実際はたくさんの愛の反応を見ることができますから、毎日がうれしく、感動的なものになり、さらに愛情が流れ出します。これが愛情とお金の決定的な違いなのです。

愛情の主体は愛の反応を見て刺激を受け、うれしくなります。愛そうとか、愛さなければと思う必要はありません。すべてが自然で、対象を喜ばせようと対象に尽くす行動を知らないうちにしています。喜ばせる方法は対象によって違うので、愛情の深い人というのは一日の生活の大半は、いろんな対象を喜ばせる方法を考えているものです。老人ホームの例でお示ししたかったのはこの自然な反応です。人は常に愛の対象を探していて、対象を見つけると愛情が勝手に流れるのです。また常に愛の反応を通して喜びを得ようとしているということもできるでしょう。

愛情と錯覚しやすい現象

愛の現象は純粋であれば、美しいものなのですが、世のなかには愛情ゆえに苦しみが多いことも事実です。これらの問題はどうして起こるのでしょうか?

原因は愛情の錯覚、そして独占欲です。

まずは愛情の錯覚について見ていきます。

「愛してる」と言葉にする人はとても多くいます。しかし、気をつけてください。往々にして錯覚したまま発言している人が多いはずです。愛が勝手に流れていくものだとすると、その言葉は本当は必要ありません。自分の意志で愛するものではなく、そう思った瞬間にはすでに愛が流れているからです。

では何と錯覚しているのでしょうか?

自分のなかにあって、湧いてくるものを愛情と錯覚しているはずです。

性欲は愛情と錯覚しやすい最たるものです。性欲は生殖行為を通して子孫を作ろうとするからだに備わった本能ですので、誰にでもありますし、基本的に悪いものではありません。もともと愛情と性行為は関係の深いものなので仕方がないのですが、心がからだをコントロールできない人は、性欲を中心に異性を見てしまいます。内面に感じる性欲の刺激を愛情と錯覚していることはよくあるのです。性欲を持っている本人が「性欲の強さ」を「愛情の深さ」と勘違いしているので、始末が悪いことこの上ありません。見た目や肉体的な刺激を通して異性に興味を持っているなら、ほぼ間違いなく性欲が関係しているので、錯覚していないかよく心に確認されることをお勧めします。

また、次のような錯覚もあります。

対象の愛の反応が大きいと、愛情の主体は自分から大きく愛情が流れていると錯覚してしまいます。動物や植物が相手ではそのようなことはありませんが、人は演技ができるので注意が必要です。実際にはそれほど愛情を感じていないのに、あたかもすごい量の愛情が流れてきたような反応を見せることができるのです。そうされると愛情の主体は、最初はそれほどではなくても、自分がその対象にとても興味を持っている、つまり愛情が流れていると錯覚してしまうのです。古くは妲己《だっき》やクレオパトラが有名ですが、誘惑という行為はこれらの錯覚を利用しているといえます。経済力や権力を得るためにこのような行為をすることは愛の力を利用した不純なものと言えるでしょう。

では、嫉妬とはなんでしょうか？

愛の主体が、愛の対象を独占したがる行為です。愛の対象は愛が流れてくれば反応するようにできています。愛の主体は自分から流れる愛情に反応する対象を見て喜びますが、その同じ対象が他の人からの愛情にも反応するのを見ると、自分への反応が少なくなったように感じます。

わかりにくいので、少したとえ話をしましょう。無一文の人が10万円もらったとします。それはとてもうれしく感じるでしょう。しかし人生はそこで終了しません。次にその10万円を投資してあっという間に１０００万円に増えたとします。非常にハッピーな状況ですね。しかし喜んだのもつかの間、株価が急落して９９０万円失い、10万円だけが残ったとします。持っているお金は最初にうれしく感じた同じ10万円なのに、１０００万円から減少した10万円ではものすごく損した気持ちになりませんか？　このように、持っている金額は同じなのに感じ方は大きく変化します。喪失感といってもいいでしょう。この喪失感が愛情においておきると考えてみてください。

人は喪失感を感じると喪失した分をなんとか埋めようとします。これが嫉妬です。嫉妬にとらわれると、愛の対象から今までと同じかそれ以上大きな反応をもらいたくなります。もしくは自分への反応が減らないように、他の人から愛情を受けられないようにしようと、愛の対象を束縛する方法を考える人もいるでしょう。しかしえてして、物事は思い通りにいかないものです。求めれば求めるほど愛の対象の心は離れていきます。そもそも喪失感を埋めようとする行為は愛情でもなんでもないのです。自己満足のための行為であって、相手のためではないのです。そのことが愛の対象にもわかるので、反応できなくなっていくのです。

愛の対象が自分に反応する姿をみるとうれしいですよね。そのような姿をみてたくさん喜びたい、いろんな対象からありとあらゆる愛の反応を見て喜びたいとは誰でも思います。事実、歴史上その権力を使って我が世の春を楽しもうとした権力者はたくさんいました。目に見える世界の法則、ニュートン物理の法則の感覚で愛情を操ろうとする人は、お金や権力を使ってなんとかしようとするのですが、結局うまくいかないようになっています。それはお金などの物質世界の感覚と違う法則が、愛情の流れを動かしているからなのです。

愛を求めていけばいくほど、束縛しようとすればするほど、対象は離れていきます。愛の主体から愛情が流れ、それに対象が反応していることを忘れないでください。自分から愛情が流れ出さなければ何も始まらないのです。それでは自分から多く愛情が流れるようにすればいい、と思われますよね。しかし愛情はお金とは違い、生産もストックもしておけません。そして何より、自分の意志で流す方向や量を調節できません。だから難しいのです。

愛情の法則

そもそも愛情は自分のなかで生産されるものではありません。「場」に反応して発生するエネルギーです。

それならば、「場」を強くするか、反応物の反応性を高めるしかありません。「電磁場」であれば、電磁場のなかにある物質の電荷を大きくするようなものです。

愛情を強める方法は存在するのでしょうか？　あります。

それを知るために、愛情の誘因についてもう少しくわしくみてみます。

自分が好きな人について思い浮かべてみてください。好きな人に対して私が持っているもの何かと言うと、「尊敬」そして「感謝」です。どちらも位置で表現すれば下から上に対していだく思いです。それらが大きければ大きいほど私から相手にたくさんの愛情が流れていきます。愛情は不思議なもので、上にいる自分から下にいる相手に対して流れていくのではなくて、自分が下に行けば行くほど、つまり「尊敬」と「感謝」を強く持つほど、たくさん自分から相手に流れるようになっているのです。重力と逆ですね。そう考えていくと、上から目線で「これをしてやった」と恩着せがましく言われてもありがたくない、愛情など感じないのはこういう理由だったことがわかります。

もうひとつ愛情の法則があります。

愛情が深くて幅広く人から好かれる人がいますが、そういう人はどのような人なのでしょうか。

もちろんその人から愛情が流れてくると感じられるので、その愛情を受けたくて人が集まるのですが、どうしてその人に限ってそれだけ幅広く、無尽蔵に愛情が流れてくると感じられるのでしょうか？

それはその人が愛情の質量の大きい人だからです。

わかりにくいのでたとえ話で説明します。太陽のなかの核融合反応でできたエネルギーは、いろんな形で外部に放出されますが、そのなかで私たちに最もなじみ深いのは太陽光です。光は電磁波ですので、愛情と似ています。

この宇宙に存在する愛情には核融合炉のような源泉があります。無尽蔵に愛情を放射する源泉です。しかし、太陽光のエネルギーが強すぎて私たちが直接太陽を見ることができないように、私たちは愛の核融合炉にも直接、接することができません。愛情を受けるための仲介所が必要なのです。その仲介所が私たち人間です。私たちが作り出すようにみえる愛情は、実は私自身が作ったものではなく、この愛情の源泉と共鳴《シンクロ》することによって生じるものなのです。重力場のなかに質量をもつ物質を置くと自動的に重力が生じますが、同じように愛情の場に愛情の共鳴体を置くと自動的に愛情が生じるのです。質量が大きければ大きいほど重力が大きくなるように、愛情の共鳴体の質量が大きいほど愛情が強く大きく生じます。

私たちはいわば、太陽に対する月のような存在なのです。太陽光を反射して夜空に満月が輝くように、愛情をたくさん反射できる人は、愛情を多く持っているように見える人です。では磨かれた鏡のように光を一番反射できる状態はどんな状態でしょうか？　愛情の本質と共鳴している、つまりきれいに波長が合っている状態です。

ですから逆に自分が愛情を発していると錯覚している我の強い人は、愛情の源泉に対する意識がまったくなく、波長が合わないので鏡でいえば汚れている鏡になってしまいます。そのような人は権力や経済力をいくら持っていても、愛情を反射することはできません。愛情の本質に対して純粋であればあるほど、鏡のように愛情を自然に反射することができます。愛情の本質と強く共鳴すればするほど、強い愛情を発することができるのです。

では、愛情の本質に対して純粋であるためにはどうしたらいいでしょうか？　まず愛情の源泉がどこにあるのか、どういう仕組みになっているのかを深く知る必要がありますが、このことについてはまた後に触れることにします。

多くの愛情を生じさせるためのもうひとつの方法は、因縁を結ぶことです。

因縁とは家族のつながりのことです。

家族の因縁には親子、兄弟、夫婦の因縁があります。このような因縁を通して愛情が強く流れます。しかし血統がつながっているからといって、すべてのケースで同じように強い愛情が流れるわけではありません。血統はもちろん重要ですが、実際に愛情の主体と対象がそれぞれ「尊敬」や「感謝」の念を持ち合っていないと愛情は流れません。因縁は単なる条件であって、実質的に内面のつながりがあることが大前提です。

親や兄弟は自分で選べませんが、夫婦は自分で選べます。血統のつながっていない者同士が因縁を結ぶ方法のひとつです。しかし愛情の法則の面から言うと、親子関係と同じような因縁を結べる行為なので、とても重要な行為です。このような重要なことを自分で選択しなければならないのですから、どれほど慎重になるべきでしょうか。しかもそこで結ばれた他人同士からは新たな生命が生まれ、血統がつながっていくのです。結婚というのはただの慣習ではないのです。そういう意味では、私たちがおそらく最も注意して行わなければならない行為です。通関手続きのように書類ですませる簡単なものではないのです。

そして、これも本来は親子の因縁と同様、内面のつながりがなければ成り立たないものですが、もともとが他人同士で、家族としての因縁のない男女が家族としての内面のつながりを作らなければならないのですから、非常に難しいものであるとも言えます。難しいものであるがゆえに、最初にしっかりした結びつきを作る必要があります。もしかしたら、恋愛というものは血統的につながりの薄い二人を強力に結びつけるために、溶接を行う強力な火力を持つのかもしれません。だからこそ使い方を誤れば、変なところに溶接されてしまい修理に多大な労力が必要になります。そういう意味でも愛情の法則をしっかりと知って、錯覚を防ぐ必要がありますね。

家族の因縁を結ぶ方法はもうひとつあります。昔、中国に行っていろんな病院を視察させてもらったことがあります。この時、移動の手配や現地の方とのアポイントなどをしてくれる方が数人おられたのですが、そのなかの一人が食事中に私に向かって「義兄弟になろう」と言い出してびっくりしました。中国では家族や宗族の絆が強く、ビジネスで信頼関係を築くために「義兄弟」になって家族ぐるみでつき合うようにするということでした。私は初めて会った人といきなり家族になるのは抵抗があったので、お断りしたのですが……。東洋では盃事《さかずきごと》といって、赤の他人であっても口で約束を交わし、乾杯することで親子や兄弟の縁を結ぶ習慣があります。『三国志演義』の「桃園の誓い」の場面が有名で、意気に感じた者同士の約束は生涯を通して守られ、本当の家族のようなつき合いが始まることもあります。この習慣は愛情の法則からいって、理にかなっています。義理の親子、義理の兄弟という関係は相続対策のためだけに行うただの法的手段ではなくて、愛情の法則を利用して他人同士が信頼関係を築く重要な手段だったのです。

さてではここで、「愛情の源泉」の仕組みについてご説明しましょう。

まず、愛情の源泉から愛情はまんべんなく放射されています。

あらゆる方向に同じ量だけ放射されるならいいのですが、実はそうではありません。放射される愛情には濃淡があります。ショッキングなことかもしれませんが、愛の源泉から流れてくる愛情が多い人とそうでない人がいるのです。不公平に感じられるかもしれませんが、源泉から受ける愛情が少なければ自分から多くの愛情が他の人に流れていきません。逆に源泉から受ける愛情が多ければ、たくさんの愛情を受けそれを他の人に流すことができます。ですから、なぜか多くの人から好かれるようになります。実際にそのような差が生まれつきあると思います。生まれつきの要素ですべてが決まるなら、どうしようもないですね。

しかし、これまで話してきた愛情の法則を応用すれば、愛情を多く受けるように変化することができます。どんな方法だと思いますか?

愛情の源泉と家族の因縁を結ぶのです。

キリスト教徒がよく「天にまします我らが父よ」と祈りますが、これは神と親子関係を結ぼうとしているのです。もちろん、くわしく話してきましたように内面の関係がなければ、愛情が流れることはありませんから、言葉だけでは大きな意味はないのですが、しかし、言わないよりはいいのです。言葉に出して親子だと名乗ることで、関係が始まります。父よと言葉で言わなくても、あらゆる宗教では宇宙の中心存在に対して、信仰を捧げ、敬愛の念を持ち、祈りを捧げてきました。それは愛情の法則にのっとって、愛情を流してもらうためだったのです。これが、現代まで宗教が必要だった理由のひとつです。

愛情は重力と同じようなエネルギーであって、無視して生きることなどできません。そして誰かの所有物になることはなく、法則に従って運行されているものです。神を思うなんて照れくさい、かっこ悪いと思うあまのじゃくな人も多いですが、愛情の法則の観点から見れば、そういう人は理由なく損をしています。「重力などない」と言って崖から飛び降りたら墜落しますよね。愛情の存在を無視して生きたらどうなるのでしょう?

尊敬・感謝・まごころ

最後に愛するという行為について考えてみます。

愛するという行為は自動的で意外に淡々としたものです。高揚感はなく、ただただ尽くしていく行為です。

はしゃいでくれたり、笑ってくれたり、心から屈託のない姿を見せてくれるのは、相手が私を愛してくれているからとばかり思っていました。またそのような相手の姿を見て、相手から私が愛されていると実感していました。しかし、本当はそうではありません。実は相手のその姿は、私から流れる愛情への反応だったのです。相手から愛されているとばかり思っていたのですが、そうではなく、実は私が愛していたのです。

お母さんが愛する子供に毎度毎度ご飯を作ります。そこに義務感はそれほどありません。勝手に頭と心、そしてからだが動くのです。やっと朝ごはんが終わったら、もうお昼をどうしようかと考えます。何をしてあげようかと次から次へ考えてしまっています。これが愛するという行為だったのです。そして、おいしそうな顔や、満足そうな笑い声、心からの私への信頼を見て充実感を感じるのです。

私も遠出をすると、妻や娘に何か買って帰りたいと思います。自動的です。お土産屋さんには必ず顔を出して、何か喜びそうなものがないか探してしまっています。そこに義務感などありません。自動的です。

愛するとき、人は何も見返りを求めないのです。ただ、喜ばせたいし、苦しい思いをしていないか心配し、頑張る姿を見て応援したいのです。喜ぶ反応を見ると本当にうれしいのですが、しかし、そのような姿を見られても見られなくてもいいのです。愛情の関係を結んだ人には勝手に愛情が流れていくので、勝手に尽くしてしまうのです。

愛の対象が「私からの愛情に反応する姿」を見ると本当にうれしいのですが、その姿を今まで私は「私を愛している姿」だと勘違いしていました。なので、もっとその姿をみたい、いつもその姿をみたいという欲求を「相手に愛してほしい」という欲求だと思っていました。愛が欲しいという人は世のなかに数多くいますが、そんな人が、美しい人や、かわいらしい動物を周りに集めて「愛してほしい」といくら言っても愛してくれるわけがありません。

なぜなら、こちらからの愛情が流れなければ、絶対に愛の対象は反応しないからです。反応する姿を見たければ、自分が愛情を流せる存在になり、対象と愛情の関係を結ばなければならないのです。

このように論理的に整理していくとわかると思います。愛情が欲しいという欲求は、初めから叶わない欲求だったということです。「なぜ愛してくれないのか」というのは間違っているのです。

あなたの隣人を愛するには、つまり今まで愛していなかった人を愛するにはどうしたらいいのでしょうか？　もちろん、義理の家族になり愛情の因縁を結ぶ方法がありますが、すべての人とそのようなことはできませんので、もっと簡便な方法が必要です。

まず「尊敬」と「感謝」の思いを持つことが最初に必要です。この思いを条件にして愛情の因縁が強く結ばれます。

本来愛情はすべての方向に自然に流れ出すものですから、すべての愛の対象に対して少しずつですが流れています。そうすると、この流れを大きくする工夫が必要になります。

結論を言います。形から入るのです。愛するという行為は自動的で淡々としたものでした。自動的に淡々と尽くしていくという行動は、つまり「まごころを尽くす」という行動です。すべての愛の対象に対してまごころを尽くす生活を続けていけば、それは愛する行動と同じなので、徐々にその行為に愛情がついていくと考えます。キリスト教の博愛は意外に難しいのですが、できた、できなかったと一喜一憂せず、できなければ反省しながら、まごころを尽くし続けていけば必ず道が拓けます。そしてこのように毎日を過ごしていけば、私を通して流れ出す愛情が格段に増えていくのです。そうして結果的に幅広く人から好かれる人になるのです。

なぜ愛情という項目にこだわったかというと、「生命の誕生には愛情が必要」という根本真理があるからです。人間の生命の誕生には基本的に愛情が必要です。男性と女性の間に愛情が生じてこそ、その結実として生命が誕生します。つまり、目に見える形として生命が誕生する前に、目に見えない愛情が作用するのです。覚えておられるでしょうか？　地球上のすべての生命のスタートはたったひとつの細胞でした。そしてその生命のスタートは科学の力ではどうしても再現できないこの世界のキーポイントです。生命がこの世に誕生する時に、愛情が作用していないはずはないと私は考えています。

だからこそ、愛情には源泉があると考えるのです。

フィクション

現実の「前提」の曖昧さ

錯覚のなかで生きている生活を感覚的に表現した映画があります。「マトリックス」という映画を覚えていらっしゃるでしょうか?

ご存じない方もおられると思うので、少し説明します。マトリックスの主人公は普通の会社員ですが、夜はハッカーをしていて情報を売買しています。夜中に彼がパソコンの前で居眠りをしていると、彼のパソコンがハッキングされ、画面に誰かからのメッセージが映し出されます。目覚めた彼がそのメッセージに気づき、メッセージに従って行動することで、彼の運命は大きく変わっていきます。

ストーリーのなかで彼が伝説のハッカーたちと出会い、大きな選択を迫られる場面があります。真実を知るか、もしくはあえて知ることを避けるかという二者択一を迫られるのです。真実を知らなくていいという選択をすれば、現在の平穏な生活を死ぬまで続けることができます。彼は平穏な生活を送ってはいましたが、自分の存在や自分の属する世界に何か分からない違和感がありました。その自分以外の事物と自分の間に膜が張られていて、直接触っていないような違和感を「マトリックス(膜)」と映画の題名で表現しています。

彼は真実を知るために赤いカプセルを飲みます。するとは彼は自分自身がどのような存在であったかを知ります。発達したＡＩと機械によってすでに人類の文明は滅んでいて、人類は太陽光が届かなくなった地上における発電装置のエネルギーとされていました。人間は機械によって栽培、繁殖され一生を培養器のカプセルのなかで過ごします。そのようなことになっていれば、気づいて抵抗しそうなものですが、誰一人としてその事実に気づいていません。なぜなら人間は首に挿し込まれたプラグを通して脳に直接データを送られ、ＡＩの作った仮想現実を現実世界と思い込まされていたのです。主人公は首のプラグを引き抜かれることで、培養器から脱出し「真実」を知ることになりました。

詳しくは映画を観ていただきたいのですが、私は、この「マトリックス（膜）」がまとわりついているという感覚が、多くの人に共感されているように感じました。私が日々現実と思って接している生活、感覚は本物なのだろうか？　この感覚を映画では印象的な映像で表現しています。目に見えるすべてのものはデータの集まりでしかないとでもいうように、現実世界の映像を少しずつデジタル記号の羅列の映像に切り替えていきます。物質世界はあくまでプログラム言語の集まりなのだとでもいうようにです。

固いはずのものがゴムのようにバウンドしたり、ビルから落ちても空中で肉体を静止させたりすることができたりするのが、そのデジタル記号の映像を観た後は、不思議なことではないと感覚できます。それらの映像は、私たちが勝手にそうだと思い込んでいる感覚を根本から疑ってみたらどうだろうかと考えさせてくれます。実際にこの世の物質というのは、原子が集まってできていますが、原子を構成している素粒子の世界を感覚的に表現すると、案外このように見えるのかもしれません。

映画「マトリックス」では、仮想現実と真実の世界が対比され、ふたつの世界が共存していました。西洋世界の方はもともとこのような「ふたつの世界」という感覚を感じやすい文化的土壌を持っています。それは、西洋思想の源流のひとつであるギリシア哲学で、古くはプラトンが洞窟の例えを使って「イデア」について説明していたからです。

プラトンは肉体の五感で感じる世界はたえず変化し、やがて消滅していく世界であり、それらの原型といえる完全で永遠なイデア界が別に存在していて、ふたつの世界からこの世ができていると考えました。これを二元論的世界観といいます。もともと人間はこの世に生まれる前に「イデア界」に生きていたとプラトンは説明します。しかしこの世に生まれてきた途端、イデア界にいたときの記憶は薄れてしまってぼんやりとしか思い出せない。だから人によって物を見る感覚や感性がまちまちになっている。物の形だけでなく、美や善などの本質的な観念までも、すべての理想的なものはイデア界に存在し、誰もがそれらを理想的に感覚できていたのに、この世では本質的なことを忘れてしまっている。誰かがイデア界の存在に気づき、その存在を教えてあげなければならないとしました。もともとこのような思想があったことから、西洋思想の根底には二元論的世界観が刷り込まれているのです。

つけ加えますと、このプラトンの説明では理想世界に生きていた我々は理想的な存在であったはずなのに、この世に生まれた瞬間、理想的でないものになってしまったことになります。生まれた瞬間から矛盾した存在になってしまう私たちに救いはありませんが、その後にヨーロッパ世界に根づいたキリスト教では、神の恩寵で救われることになっています。

さて、よりどころのない世界で生きてきた人類は、ようやく基本的人権という人類共通の概念を「仮定」して社会を構成し、なんとか安定した社会を築き上げてきました。

このことについてさらに深く考えてみましょう。

突然ですが、今あなたのいる場所に警官が何人も踏み込んできて、あなたが逮捕されたとしたら……。理由もわからず右往左往している間に、投獄されることになったとしたら……。とても納得できないでしょう?

実際にこのようなことを許す法律がありました。そんなに昔のことではありません。1919年、インドで施行されました。当時のインドではイギリスからの独立運動が盛んで、イギリスによって独立運動を押さえつけるためにつくられた法律がローラット法(逮捕状なしの逮捕、裁判手続きなしの投獄などを認める法律)です。このような人権を無視した法律はインドで大変な反発を招き、かえって独立の機運を高めました。日本にも同じような法律があったので、記憶されている方も多いと思います。

私たちが当然有していると思っている基本的人権はつい最近まで、当たり前のものではありませんでした。たった100年くらい前でもそうなのですから、それ以前に、もっとひどい状態であったことはいうまでもありません。証拠もないまま無実の罪で死刑になるなどということは、誰にでも起きうることでした。家族が引き離されたり、財産を没収されたり、我々の先祖は大変な世界に住んでいました。

今日私たちは、多くの先達が生命をかけて獲得した基本的人権が認められる世界に生きています。概ね、一昔前には考えることもできなかったあらゆる権利を主張でき、犯罪から守られ、自由に人間性を発揮することができます。

まず、これらの社会基盤の土台を知るために、アメリカ独立宣言の冒頭部分を抜粋して引用いたします。

われわれは、以下の事実を自明のことと信じる。すなわち、すべての人間は生まれながらにして平等であり、その創造主によって、生命、自由、および幸福の追求を含む不可侵の権利を与えられているということ。こうした権利を確保するために、人々の間に政府が樹立され、政府は統治される者の合意に基づいて正当な権力を得る。そして、いかなる形態の政府であれ、政府がこれらの目的に反するようになったときには、人民には政府を改造または廃止し、新たな政府を樹立し、人民の安全と幸福をもたらす可能性が最も高いと思われる原理をその基盤とし、人民の安全と幸福をもたらす可能性が最も高いと思われる形の権力を組織する権利を有するということ、である。

この文章は、アメリカ合衆国第３代大統領トマス・ジェファーソンによって起草されましたが、イギリスの思想家で「人間の自然権を尊重せよ」というジョン・ロックの影響を受けていることが知られています。「われわれは、以下の事実を自明のことと信じる」と切り出し、人間が生まれながらに平等で、生命、自由、幸福の追求を含む不可侵の権利を創造主によって与えられているとしています。この思想は、世界人権宣言や日本の憲法にも反映されています。また我々の生活を縛っているあらゆる法律はこれらの思想を基につくられているからこそ、信頼できるのです。基本的人権は今日の社会で最も重要な概念であると私は考えています。

さて、私はこの項の表題をあえて「フィクション」としました。それは、基本的人権は当たり前であると思われていますが、果たして本当にそうだろうかという疑問を持っているからです。なぜなら、独立宣言にそう書いているように、「信じる」と言っているだけ、つまり勝手に宣言しているだけで、そこには権利や主張を保証するものが何もないのです。我々は人類が勝手に宣言した基本的人権という、言ってしまえば何ものにも保障されていない曖昧な土台の上で生活しているということを言いたいのです。

考えてもみてください。はたして基本的人権がＤＮＡ配列に刻まれているでしょうか？　私たちの周りに自明に存在する世界と、この人権思想を結びつけているものは何もない、つまり科学的に何も証明されていないのです。だから社会的に強い力を持つものが現れれば、そういう曖昧な紳士協定の隙をついて、自分に都合のいいようにルールを変えてしまいます。我々は「人類が基本的人権という共通の認識を持っている」という、錯覚の世界で生きていることをはっきりと知るべきなのです。

錯覚の世界

私たちは科学万能の世界に生きていて、だいたいのことは計算された通りに進んでいきます。科学的に立証されたことは、どこに行っても誰がやっても同じ結果になります。万有引力やエネルギー保存則から人類全員は同じように影響を受けますし、科学の法則に関して誰かが特別待遇を受けることはありません。

ところで、このような現実の生活に疲れ、別の世界に逃げ出したいと思われたことはありませんか？　映画館に行ってＳＦ映画を観ると、現実にないようなシチュエーションにワクワクしたり、普通ならあり得ない状況で頭をフル回転させて主人公と一緒に危機を乗り越えたり、思いがけない結末にびっくりしたり……。また想像できないような映像をみて何かを深く感じることもあるでしょう。でもそのような映画を観た後に、たまにちょっとした違和感が残りませんか？

ハリウッドのＳＦや日本のアニメ映画は毎年のように封切られます。ヒット作についていえば、練りこまれたストーリーや独特の世界観にあっという間に引き込まれてしまいます。そしてそれらの作品においては、作品ごとに人々のインスピレーションをかきたてようと、独特の世界観というか、世界の成り立ちについて独特のルールを「仮定」しています。言いかえれば、毎年のように新しいルールが発表されているようなものなのです。

分かりやすくするために、具体的な話をしましょう。

例えばアニメ映画「君の名は。」では、主人公の男女の人格が入れ替わることからストーリーが始まります し、「天気の子」では願えば必ず空を晴れさせる女の子が登場します。映画の観衆は現実にはないその世界観、世界のルールをまず受け入れなければストーリーが理解できないわけで、ましてや感動して涙を流すことなどできません。だから、どんなに奇妙なルールでも、その時だけは受け入れるのです。

アニメだけでなく、実写のSFにおいてもたくさんの奇想天外な設定が作られてきました。空を飛べたり大きなロボットが操縦できたり、すごい特殊能力が急に備わったり、別の惑星やパラレルワールドの存在は当たり前で、タイムマシーンやワープ航法や瞬間移動装置も現実にはないですが、あったと仮定してストーリーが形作られています。

ところで、どんなによくできたストーリーの作品であっても、映画を観終わると設定されていたルールはすっかり忘れられてしまうものです。なんの問題もありません。私たちの生活にはまったく関係ないのですから……。

ここで考えてみたいのですが、作品のなかの世界観は森羅万象のルールを勝手に「仮定」し、物語を構成しています。しかし映画を観たくらいで、その世界観が現実世界にそのまま持ち込まれるなど考える人はいません。一時、私の娘が「アバター」という映画にのめりこみ、DVDを毎日のように見ていました。私は現実と映画の世界がごっちゃになるのではないかと心配しましたが、幸いそんなことは起きませんでした。

さて話を現実世界に戻します。映画においては違和感くらいですんだのですが、私はあるとき、この「仮定」という考え方が私たちの生活に深く関わっていることに気づきました。

それらのことを考えるために、唐突に感じられるかもしれませんが、宗教の世界観についてみてみましょう。

宗教世界での「仮定」

ここであえて宗教の話を持ち出したのは、特定の宗教に否定的な考えを持っているからではありません。逆に私は全ての宗教をとても重要であると考えています。そして宗教の世界観は私たちの考え方や風習に深く影響を与えています。

仏教とその母体となったインド古代思想を例として考えてみましょう。

仏教の教えを単純化すると「解脱《げだつ》」を目指す宗教です。解脱とはなんでしょうか？　生きとし生けるものはすべて輪廻転生の永遠の連鎖の流れのなかにいます。そして地獄のような現世で生まれ変わりながら、永遠に修行し続けなければなりません。解脱とはそこから悟りを開いて抜け出すことです。インドでは古代から輪廻転生の思想に基づいて生活が行われてきたので、その苦しみから解放されたいと、解放の方法をいくつかの宗教が提案しました。仏教はそのなかのひとつです。解脱とは輪廻転生の永遠の苦しみから解放される手段のことなのです。

具体的に感じていただくために、輪廻転生を土台にした生活について説明します。輪廻転生の世界では、生物が死んだ後は別の生物として生まれ変わります。そしてその生まれ変わりという現象が永遠に続いていきます。生きている間の業《カルマ》に従い次の転生の運命が決まりますので、よい行いをすれば、次の生まれ変わりの人生でよい人生を送ることができます。ですからたとえ今の人生が報われなくても、功徳を積むことで、来世に期待することができるわけです。逆に悪行を積めば、次はどんなに悲惨な立場に転生させられるか分かりません。その教えに従い、輪廻転生を信じる人のなかには、功徳を積む目的で小さな虫も殺さないように生活をする方がおられます。輪廻転生の考えの影響でインドには殺生を嫌う習慣があるので、肉食を嫌うベジタリアンが多く住んでいます。

さてこの輪廻転生という考え方ですが、これは世界観であり、信じる人にとっては科学の法則と同じように世界万象に通じる法則です。そのような世界観を信じる社会で生活している方の考え方について考察してみます。例えば、貧しく仕事のチャンスがなかなか得られない家庭に生まれた人は、私たちの住む自由競争の社会においては、努力で環境を変えなければと考えるしかありません。しかし輪廻転生の社会では、このように生まれたのは前世の報いなのだからと現状をそのまま受け入れ、何もせず次の転生を待つということがあり得ます。社会全体で共有されている価値観というのは、あまりにも当たり前すぎて疑うことすらされないのです。

しかしよく考えてみてください。世界観、人生観が異なるだけで、これほど人生の過ごし方が変わってくるのです。疑うことすらされない社会的な思い込みのなかで私たちは生きているのですが、その思い込みを作っている主要なものが、宗教の世界観だったのです。

宗教の世界観は自然現象を解明する科学と異なり、誰にも証明することができません。現実世界の法則をいつでもだれでもどこでも同じ結果を見せることで証明してきたのが科学ですが、観測できない世界の法則に関して科学は手出しできません。前世が確実にあったと言えますか？　生き物を殺さないことが本当に転生に影響するのですか？　だれも証明できない、証明されたことのない考え方なのです。結局、宗教においては正しいかどうかが大事ではなく、それを信じるかどうかの話なのです。

ですから私はあえて、輪廻転生という考え方は、はるか昔に設定された「仮定」の話、つまりフィクションではないかと考えてみました。つまり、そのように「仮定」することで、世界のあらゆることが説明できて納得できるよ、という人がいつの時代かに存在して、その基本原理をもとに世界を説明していった結果、多くの人が納得し信じるようになったと考えたのです。

証明されたことがないといいましたが、悟った人にしかわからないことなのかもしれません。しかし科学が発達した現代において、特別な人だけが分かるという思想は、私たちにはすんなりと納得できないのです。

この仏教における「仮定」についての説明は、なにか映画の世界観の話に重なって見えませんか？ 私たちは無意識に、誰かに仮定された世界観を信じて生きているのかもしれない、つまり「宗教という映画の世界」に生きているかもしれないのです。

そのような目で見てみると、どんなにすばらしい宗教でも、信仰生活を始めるときはひとつの仮定を信じることから始めることがわかります。

イスラム教であれば、「マホメットがこのような言葉を神様から聞いたのだからこうだよ」というところからスタートしていますし、キリスト教も同じです。

ここが大事なポイントなのですが、宗教の前提を疑ってしまうと信仰が成り立たないので、信じられない人は信者にはなれません。まず信者になろうとする人は信仰告白をして、宗教の前提としての世界観を受け入れ、それを基本にして考えていきますというふうになっています。

信仰告白というのは馴染みのない言葉と思いますが、簡単に言うと「マホメットが神の使徒であることを信じます」とか「イエスが神の子であることを信じます」とか、教義のそもそもの前提を信じますと言って、前提については「当たり前」というところから宗教の世界に入っていくことです。

どの宗教が正しいなどと言えるはずがありません。現在は見えない世界の理《ことわり》について証明する方法がないのですから。ですが、歴史を通して残されてきた考え方には、人類を納得させる深い内容があると思います。現在の段階ではどの宗教が正しいと判別するよりも、それぞれの考え方を尊重し、そのなかから真理を探していこうという姿勢こそが重要だと私は思います。

今までの歴史において、宗教は必要不可欠のものでした。死後の世界など科学で証明できない部分に関して、宗教の教えが存在せず無秩序であれば、人類の生活はめちゃくちゃになっていたでしょう。事実どんな世界にも、アニミズムのような精霊崇拝や地母神崇拝など、なんらかの信仰が存在し、神話が存在します。無宗教だと言っている人も葬式に出たりゲン担ぎをしたりします。幽霊が出たと脅せば怖がるでしょう? どんな人間でも見えない世界をなんとなく信じているのです。それを系統立てて説明してきたのが宗教です。

そして、宗教の出発には世界観の「仮定」が必要なのだといいたいのです。

ゾロアスター教のような「光と闇の対決」の世界観もありますし、キリスト教では歴史は最後の審判に向けて流れています。永遠に回り続ける世界観もあれば、一方向に流れている世界観もあります。そしていろいろな世界観が人々の人生観に影響しています。死後の世界を重視して生きている人もいるでしょうが、死んだら何もなくなってしまうと思っている人もいるでしょう。お金をひたすら稼いで努力することが全ての方もおられるでしょう。宗教を嫌う人がいますが、もしかしたら心のどこかで、誰かに勝手に自分の世界観を「仮定」されることを拒んでいるのかもしれませんね。

人が人生観、世界観を持つためには、「仮定《フィクション》」が必要です。だからこそ、その時代その時代の環境に合わせて新しい「仮定」が生まれてきました。

近年は価値観が錯綜し、世界の方向性が見えないとよく言われます。それは宗教が劣化したからではなく、科学が発達した結果、古い「仮定」では納得できない人が多くなった結果なのかもしれません。

私たち現代人にとって一番必要なものは、現代の社会に合った「仮定《フィクション》」なのかもしれませんね。

参考までにイスラム教とキリスト教の信仰告白をお示しいたします。
イスラム教には五行と言って、信者が行わなければならない義務があります。

五行（信者の義務）
信仰告白（シャハーダ）
礼拝（サラー）
喜捨（ザカート）
断食（サウム）
巡礼（ハッジ）

このようにイスラム教では、最初に信仰告白することが義務になっています。
イスラム教の信仰告白は「アッラーのほかに神はない。ムハンマドは神の使徒である」とアラビア語で証言することで、その瞬間からイスラム教徒と認められます。ちなみにサウジアラビアの国旗には、信仰告白がアラビア文字で記されています。

キリスト教の基本信条はいくつかありますが、そのなかのひとつ、使徒信条を引用します。

我は天地の造り主、全能の父なる神を信ず。

我はその独り子、我らの主、イエス・キリストを信ず。

主は聖霊によりてやどり、おとめマリヤより生まれ、ポンテオ・ピラトのもとに苦しみを受け、十字架につけられ、死にて葬られ、陰府にくだり、三日目に死人のうちよりよみがえり、天に昇り、全能の父なる神の右に座したまえり。かしこよりきたりて生ける者と死にたる者とを審《さば》きたまわん。

我は聖霊を信ず。

聖なる公同の教会、聖徒の交わり、罪の赦し、からだのよみがえり、とこしえの命を信ず。

アーメン

「仮定」を超越した価値観

さて、「仮定」が使用されているのは宗教の世界だけではありません。私たちが当たり前のように思っている国のシステムは「社会契約説」が元になっています。民主国家で生活しておられる方は、この考え方が国家や政府の統治システムの源流になっていることを知っておられると思います。

改めて考えてみていただきたいのですが、どなたか生まれてから自分の意志で政府と契約しましたか？

私は日本政府の現在のシステムのなかで教育を受けたいと申請したことも住みたいと願ったことも一度もありません。ましてや契約したことは絶対にありません。しかし、知らないうちに日本人として教育され、何の疑問も持たずに日本人として生活し、政府に守ってもらっています。

実際には見えない社会の仕組みをホッブスやロックは「社会契約説」というフィクション《仮定》を通して提示したのですが、その考え方は自然に受け入れられ民主主義の基本的な考え方となりました。だから、私たちは学校の授業でホッブスやロックのことを学ぶのです。

なんの保証もない世界で生きている我々は、「基本的人権」や「社会契約説」などの人類の共通意識を仮定して社会を構成し、なんとか安定した社会を築き上げてきました。しかし、真の意味で通じ合えていないもどかしさのなかで生きています。

もし理性、つまり誰かの頭のなかで作られた「仮定」ではなく、量子力学をはじめとした科学や宗教的な教えをも包含する、すべてを超越した価値観が生まれてくればどうなるでしょうか？　私たちはフィクションではなく、真の価値の世界で生きていくことができるようになるでしょう。

そして、今まさに、そのようなものが求められる時代になっているのです。

宇宙の始まりと人類誕生

天は何と「絶え間なく」回ることか。大地は何と「しっかりと」静止し続けることか！　太陽と月とは、お互いの位置をめぐって競い合うだろうか。どこかに、これらのことを統括し指揮する者がいるのだろうか。これらのものを束縛し、連結させているのはだれだろうか。これらをこともなくいともたやすく生起させ保持しているのはだれだろうか。おそらく、これらのものがこうあるべきだという何か秘密の機構があるのだろう。（荘子）

（Ｉ・プリゴジン／Ｉ・スタンジェール著、伏見康治・伏見譲・松枝秀明訳『混沌からの秩序』みすず書房）

まず物理学者プリゴジンがその書籍に諸子百家の一人、荘子の言葉を引用している部分をそのまま引用しました。諸子百家の時代、いえ、きっともっと前から人類は、宇宙の営みが乱れず整然と運行されていることに驚きを感じていました。

地球は、太陽という恒星の周りを他の惑星と同じように公転していますが、太陽を含む天の川銀河は２０００億もの恒星が集まって構成しており、そのような巨大な銀河系がこの宇宙には１０００億個以上あると推測されています。これほど膨大な宇宙がひとつの規則のもとに整然と運行されているのですから、大変なことです。もしそれぞれの恒星系がバラバラの規則で勝手に動き出したら、宇宙は一様な景色ではなくなり、それこそ混沌（カオス）と化してしまうでしょう。我々が星空を観て、その美しさに感動できるのはこの宇宙がひとつの規則のもとにしっかりと統率されているからにほかなりません。

このような大宇宙はどのようにしてできたのでしょうか？

ビッグバン

物理の時間に習ったドップラー効果について少し思い出していただきましょう。

ドップラー効果とは音を出しながらこちらに近づいてくるものや、遠ざかるものの音の高さが変化する現象のことです。よく救急車のサイレンの音が例えに使われます。救急車に乗っていない通りがかりの人がサイレンの音を聞くと、救急車が近づいてくるときはサイレンの音が高く聞こえ、救急車がその人の近くを通り過ぎ遠ざかっていくと今度はサイレンの音が低く聞こえます。実際の救急車のサイレンの音はずっと音の高さが変わらないので、救急車に乗っている人には、サイレンの音はずっと音の高さが変わらないように聞こえています。

このような現象が起きる仕組みを説明します。

音は空気の振動波としてこちらに伝わってきて、耳の鼓膜でその振動を感じ取ります。そしてその音は振動数が大きいほど高く聴こえ、振動数が小さくなると低く聴こえます。救急車のように近づいてくる物体から音が出ていると、私の鼓膜に到達するまでに振動波が救急車の速度の分だけ圧縮されるので、結果としてその音波の振動数は大きくなります。だから音が高く聴こえるのです。遠ざかるときはその逆です。

さてこの現象を利用して大発見をした科学者がいます。ハッブル望遠鏡に名前が刻まれているエドウィン・ハッブル（1889〜1953）です。彼は望遠鏡で多くの銀河を観測し、すべての銀河から届く光のスペクトルが赤色側（長波長側）にずれていることを観測しました。光も波ですのでドップラー効果が生じます。赤色側にずれているということは、光の発生源がこちらから遠ざかっていることを示しています。

もし、それまで信じられていたように宇宙のすべての銀河が同じ場所に固定されていたなら、このような現象は生じません。またほとんどの銀河が固定されていて、一部の銀河だけにこのような現象が認められたなら、そのような銀河だけが地球から遠ざかるように動いていると結論できます。しかし、結果はそうではありませんでした。全ての銀河が地球から遠ざかるように動いていたのです。ハッブルが観測し整理したこの現象は、光の発生源であるすべての銀河が、私たちから遠ざかっていることを意味していました。この結果からハッブルは「宇宙が膨張している」と結論づけました。宇宙が膨張し続けているという事実をハッブルは発見したのです。

さて次に登場するジョルジュ・ルメートル（1894〜1966）は、膨張し続ける宇宙について時間を巻き戻して考えたのです。宇宙全体が膨張しているとするなら、時間を逆行させればずっと圧縮されて最終的にひとつの点になってしまうと考えました。つまり、宇宙の歴史は永遠に遡れるわけではなく、始まりの一点があって、そこから始まったと考えたわけです。結局、ルメートルは超高温、超高圧の一点が大爆発を起こしたことが宇宙の始まりだと結論づけました。これがビッグバン理論です。宇宙はビッグバンによって始まり、今も膨張を続けていて密度が薄くなり続けていることが分かったのです。

そしてこのビッグバンが起こったのが137億年前だということ、その後90億年して我々の銀河のなかに太陽系ができたことが明らかになりました。

このようなことまで明らかにする科学は素晴らしいと思います。しかし、実はまだ正体の分からないダークマターや、ダークエネルギーと言われるものが宇宙全体のエネルギーの90パーセント以上も存在し、逆に現在正体の分かっている物質（エネルギー）は10パーセントに満たないと言われています。結局科学の力をもってしても、まだほとんどのことが明らかになっていないのです。宇宙はこのまま薄まっていき、いずれはエネルギーを失ってしまうのでしょうか。このような疑問に対する答えはまだ示されていません。素粒子の研究をはじめ、宇宙の謎を解き明かす研究はまだ始まったばかりです。宇宙の始まりや全体像、行く末についてまだ明らかになっていない理論がこれからどんどん明らかになるのでしょう。その時には今は夢のように思える宇宙旅行も現実のものになっているかもしれませんね。

宇宙の誕生――創造論と自然発生論

この膨大な宇宙は、たった一点からビッグバンによって出発しました。出発する前はどうだったのか、この世はなぜ、どのようにして出発したのか、まだまだ分からないことだらけです。もし、ビッグバンのような現象が、自然発生的にどこかでまた起こるとするなら、私たちの宇宙や生活は一瞬にして失われてしまうでしょう。毎年南方の海上で台風が発生するようにビッグバンが自然発生するものだとしたら、そのようなことは宇宙の歴史上何度も起こり得たはずです。しかし、私たちが知る限り、ビッグバンは最初の一度きりです。どんなに考えても、ビッグバンが自然に勝手に起きたとは私には考えられないのです。もし仮に宇宙のどこかでビッグバンが起きてしまったら、あっという間に全宇宙が爆発にのみ込まれ、私たちは存在しなくなるでしょうが……。

そこで、この宇宙が「目的を持って創造された」という考え方、創造論について考えてみたいと思います。人間は生物の進化の過程で自然発生したと多くの科学者は考えています。このような考え方の根底には、すべての自然現象が自然発生した、つまりビッグバンすら自然発生したという考え方につながっていきます。創造論という考え方、つまり宇宙を超えた存在を仮定することは、科学的ではないことなのでしょうか？創造論について深く考えていただくために、これからたとえ話を始めます。

さあ今から料理を始めます。今夜は手巻き寿司にしましょう。まず何から始めますか？具には何をそろえようか、お刺身はどうしようか、海苔は……というふうに出来上がりの盛りつけ画像や味、食感を思い浮かべますよね。

次に作戦はどのように立てますか？　冷蔵庫には何が残っていて材料は何が足りないか、何を買わなきゃいけないのか、どこに何が売っていて近くに売っていなければ代わりに使えるものがないか、どんな食器を使うと見栄えがいいか、食費はいくらくらい使えるのか、買い物の時間を含めて何時くらいに出来上がるのか……と段取りを考えます。

材料が整って、実際に調理場に立ったらどうでしょうか？　野菜を切ったり下味をつけたりご飯をしかけたり、お吸い物の準備もしたり下ごしらえをしながらいろんな作業を同時進行で行いますよね。今回はホタテを入れてみようかなどといったアイディアが湧いてくるかもしれません。でもひとつ言えるのは、一番大事なことなのですが、段取りを考えているときも調理を始めてからもずっと手巻き寿司の出来上がりのイメージをしっかりもって、作業を行っているということです。そうでしょう？　手巻き寿司を準備していたはずなのにキムチ鍋ができたりしますか？　できないでしょう？

料理をするときはずっと出来上がりのイメージがあって、野菜を切ったり、海苔をあぶったりといった、手巻き寿司とはまったく関係なくみえる作業があっても、それは結果として出来上がりのイメージを達成するために必要な作業なわけです。サラダを盛りつけたり、酢飯を作ったり別々に進んだいろんな作業も、最後の出来上がりの瞬間にはうまく組み合わさってそれぞれの持ち味を発揮するわけです。

さて何の話でしょう?

宇宙は偶然できたものか、それとも「目的を持って創造された」、つまり、誰かが造ったものなのか?

現在の科学では、原始地球に偶然生じたタンパク質が相互に作用した結果、偶然生命が誕生し、その生命が環境に合わせて進化しながらあらゆる形態に変化し、その流れのなかで現生人類も発生したと考えられています。

ところが、世界の半分近くの人口を占める「啓典の民」(ユダヤ教徒、キリスト教徒、イスラム教徒など『旧約聖書』を聖典とする人の総称)は『旧約聖書』を聖典としています。『旧約聖書』では「創世記」のなかで、神が7日間で世界を創造されたと説明しています。「創世記」のなかにビッグバン理論の入り込む余地はありません。科学と宗教は、矛盾する説明をしているのです。ですので、現代人は結論の出せない議論を大っぴらにするよりも、それはそれ、これはこれと矛盾する内容を両方とも併存させ、折り合いをつけながら生活するしかないわけです。また、極端な人は折り合いがつかず、自分は無神論者だと宣言してしまいます。私もさすがに、地球や生命の始まりについて、『旧約聖書』を引用して学んだことはありません。

しかし、そもそも科学と宗教は矛盾するものなのでしょうか?

私は、あえて矛盾することはなく、調和していると考えています。明らかになった科学的な事実の前に、宗教が屈服し、すべてを投げ出すべきだとは考えていません。私に言わせれば、科学はまだ森羅万象の理を ほんの少し覗いただけなのです。

ここで自然発生論と創造論を同時に存在させる説明に挑戦してみます。科学的な宇宙創成の考え方についてはビッグバン理論をご紹介いたしましたので、次は神による創造について正面から考えてみます。

創造主によって宇宙が造られたとすると、宇宙の出発には創造主の「目的」があったと考えなければなりません。目的がなければ、創造された結果物は偶然の産物になってしまい、自然発生論となんら変わらないからです。

繰り返しますが、創造論には必ず創造目的が必要です。目的とは、たとえ話の手巻き寿司の出来上がりのイメージのことです。料理を始めるときに、頭のなかに出来上がった料理のイメージが設計図としてあるように、宇宙創造にも「このようなものを創造する」という明確な目的があったはずです。

宇宙創造の目的があったとすれば、それはなんでしょうか？

ここで思考実験をします。私たちが何かを創造する場合、どんなものを創造するでしょうか？　絵画、音楽などの芸術や、生活用品など役に立つものですよね。ここでは宇宙創造の目的つまり、創造の手段にビッグバンを用いるほどの「究極の創造物」について考えたいので、もう少し条件を絞り込んでみます。

私が、ロビンソン・クルーソーのように無人島にたった独りで住んでいて、しかも生活用品はすべて満ち足りていると仮定します。技術的には制約がなく材料もふんだんにあります。そのようななかで私たち人間は何を創造しようとするでしょうか？　楽しむための遊びの道具を作ったりもするでしょう、でもすぐに飽きてしまいますね。絵や音楽、小説など芸術作品を作って自分を表現してみようともするでしょう。でも誰かがそれをみて評価してくれなければむなしいでしょうね。

私なら話し相手を作ると思います。会話だけでなく、何かを作ったらそれをほめてくれたり助けてくれたりといった感じのもの……とすれば、アニメに出てくるロボットみたいなものでしょうか？　そんなものができればだいぶ楽しくはなってくるでしょう。確かに最近発売されるロボットのなかには、人間の指示に忠実なだけではなく、勝手にしゃべったり、予測不能な反応をするものがＡＩを使用して作られるようになってきました。

でもそれが究極の創造物でしょうか？　どんなによくできたロボットでも、どうしても自分との距離感を感じます。いくら予測不能の反応をしても、しょせん機械が行っているものだとどこかで冷めてしまうのです。サイコロを振ってどの目が出るかわからないという予測不能さと同質だからです。いったいどんなものをつくれば心が満たされるでしょうか？

私は究極の創造物は、自身の子供だと思います。自分に似ていて、同じような感性も持っている、そして日々変化成長していく。また、けっして私の言いなりの存在ではありません。別の人格を持つ存在であるのに、私から生じた私の一部でもあります。そのようなものが創造できれば、どれほどすばらしいでしょうか。

私はここで、宇宙創造に目的があるとすれば、それは「創造主の子供をつくること」であると結論づけたいと思います。

「愛情について」の項で、生命がこの世に誕生する時に愛情が作用していないはずはない、と書きました。人間や宇宙の創造の動機が「親子の愛情」であったとすれば、この結論はその理屈にもぴったり合うのです。『旧約聖書』の「創世記」に戻ってみましょう。

神は御自分にかたどって人を創造された。
神にかたどって創造された。
男と女に創造された。

神は彼らを祝福して言われた。
「産めよ、増えよ、地に満ちて地を従わせよ。海の魚、空の鳥、地の上を這う生き物をすべて支配せよ。」
神は言われた。
「見よ、全地に生える、種を持つ草と種を持つ実をつける木を、すべてあなたたちに与えよう。それがあなたたちの食べ物となる。……」

宇宙の創造がただ単に人間だけを創るためのものではなく、我が子が食べる物や、生活する場所、我が子と共に生きていくあらゆる生き物を準備するためのものであったとするなら、どれだけ素敵なことでしょうか。

さて最初に手巻き寿司の作り方の話をしました。ビッグバンの起きた時にすでに、人間創造の構想、つまり設計図があったと考えてみます。人間は細胞が集合して組織を形作っています。このような多細胞生物が生きていける温度、発声器官があり酸素呼吸をする生物が生きていける大気、そして豊富な水、地球環境のすべてが人間の生活できる環境を作っています。人間の生活を念頭に137億年かけて少しずつ地球を含めた宇宙全体が造られてきたと考えると、その工程は創造の目的にかないます。

自然発生論では、たまたま広大な宇宙のなかに生命が誕生できる環境が偶然生まれ、生命がそこに誕生したと考えます。聖書の創造の7日間が、映画のようなエイヤーッという創造だとイメージし、実際観測され明らかになった宇宙の歴史に合わないと考えられたからです。しかし、創造論を深く掘り下げてあらためて宇宙の歴史を見て、創造主の子どもである人間の成育環境として137億年かけて宇宙が造られたと考えれば問題ないのです。聖書の7日間という単語に縛られてはいけません。7日で創造が終了したと考えるので、科学的な事実と矛盾するように感じられるのです。聖書は比喩で書かれていますから、7段階にわけて13

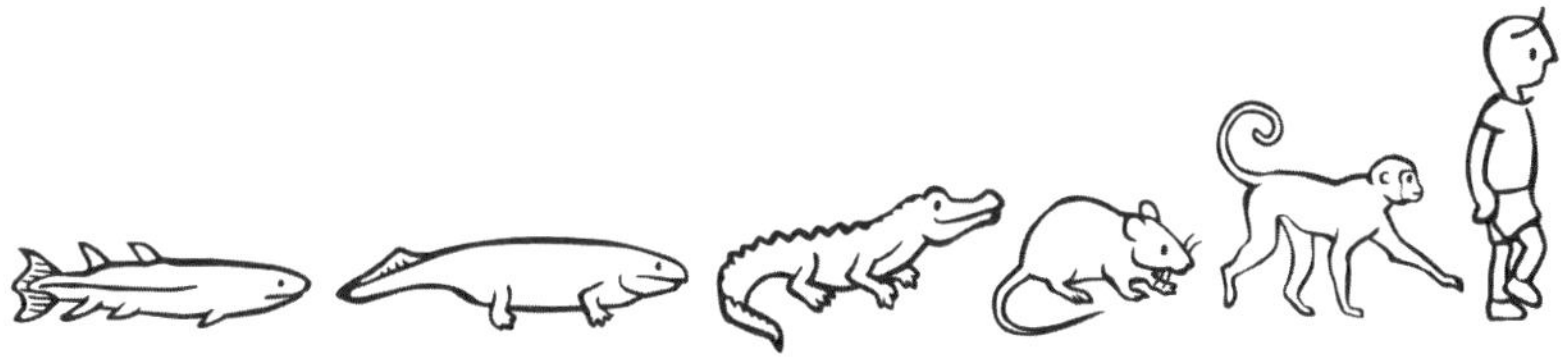

人間の進化の過程

7億年かけて創造されたと考えればなんの問題もないのです。

地球の歴史には、創造の過程の現象だと考えるとおもしろい出来事がありました。

カンブリア大爆発という言葉をご存知でしょうか？　46億年の地球の歴史ですが、10億年くらい前までは地球は単細胞生物の世界でした。その後少しずつ多細胞生物が発生していくのですが、5億8000万年前くらいに始まったカンブリア紀の2000万年くらいの期間にものすごい種類の生物が発生し、現代につながる動物のすべての種の先祖が出そろったと言われています。図鑑で見ていただきたいのですが、目が5つある生物や変な形の角が生えた生物など、奇想天外な生物がたくさん発生しました。私はこの頃の動物の絵が大好きです。創造主が、将来人間が暮らす世界をイメージしながら、いろんな生物を造ってみて人間のからだのいろいろな部品を準備したり、このような生物を見たらどんな反応をするだろうかと想像してみたりといった、創造主の心情を感じるのです。

この時期に眼球を持つ生物が現れたり、脊椎動物の祖先が現れたりしています。多彩な構造や機能をもった生物種が爆発的に増えたこの時期は、目や捕食機能（口腔嚥下機能）など人体にとって大事な器官が初めてできた時期ですので、5億年後にできる人体をイメージしてその部品を少しずつ開発し

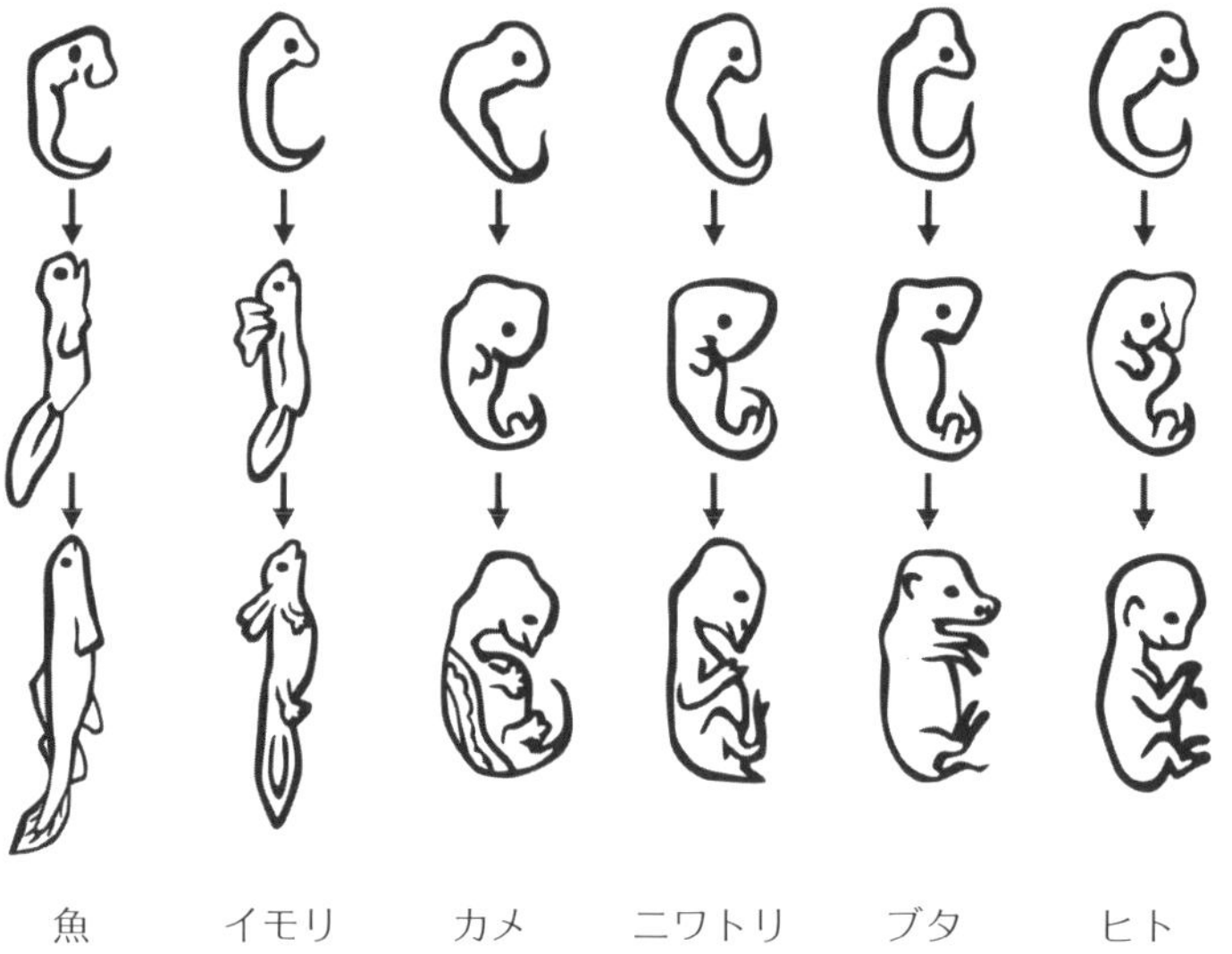

脊椎動物は胎児の頃、みな似たような形をしている

ている段階だったのでしょう。手巻き寿司の例えでいえば、まだ寿司には似ても似つかない状態ですが、刺身を切ったり卵焼きを作ったりする下ごしらえの時期であったということです。

学校の生物の授業で、受精卵が細胞分裂を繰り返す時期について勉強していると、面白い現象に出くわします。最初は球状だった受精卵は、卵割が進むとともに少しずつ細長い形状に変化していき、各部分の細胞はいろんな器官に分化していきます。受精後5週くらいの人の胚は鰓や尻尾があり、魚のような形状をとることが知られています。それから徐々に形状を変化させて人のからだに近づいていくのですが、その形の変化の仕方はちょうど進化の過程を胎中で再現しているようです。他の動物の胚も一時期同じような形状をとることが知られていて、見ていると不思議な感じがします。

人間という存在をゴールとしていろんな生物が創造され、徐々に生物を多様化させた上で、最終的に人間が創造されたと考えれば、この現象は人間の創造の過程を再現して、見せてもらっているようです。

生物の進化は、表面的な自然淘汰による偶然の積み重ねというだけでなく、長い生物の歴史を通して「人間を創造する」という目的に貫かれたものであったと考えることができるのです。

このように考えれば、創造論は科学的に矛盾しないと思います。

さてこのように考えを進めてくると、創造の目的である完全な人間は、創造主の息子であるということになります。しかし私たちはその事実を実感することができません。どう考えても自分が創造主の子どもであるとは思えないのです。

ここで、愛情の法則について思い出していただきましょう。愛の源泉から愛を優先的に受けるためには、愛の源泉と家族の関係を結ぶ必要があることを説明いたしました。そして宗教の歴史の背景に、宇宙の中心存在と親子の関係を結ぶ努力があったことをお示ししていたのですが、ここでそれらがつながるのです。

愛の源泉と宇宙の創造主は同一であるはずです。もともと人間は創造主の子どもとして創造されていたのです。聖書に書いてあることとはいえ、この事実は完全に忘れられていたといっても過言ではありません。

「偶然」であることの不自然さ

私たちは宇宙がビッグバンからスタートしたことを知っています。

そして、これまで科学者たちはビッグバンも、生命の始まりも偶然が重なって起こった、つまり宇宙のすべては自然発生した現象だと考え説明してきました。

このような説明が世界の思潮となった理由は、『旧約聖書』「創世記」の7日間での神の創造についての記述が、科学的に明らかになった事実と矛盾していると考えられたからです。キリスト教世界では科学が発達する前は、『旧約聖書』の記述がすべて正しいと信じられていました。

ルネッサンス期に活躍したレオナルド・ダ・ビンチが解剖学の実習に参加した時に、男性のあばら骨がどう見ても左右同数あるにも関わらず、「創世記」においては最初の女性を創造されるときに男性のあばら骨をひとつ取って作ったという記述を優先し、男性のあばら骨が1本少なくなっているはずだと教える教授に不信感を持ったと記述しています。

天動説を始めとして、キリスト教会が権威的に広めていた考えを科学的な事実を根拠に覆してきた歴史がキリスト教世界にはあるのです。また世界各国には多くの宇宙創成の神話が存在しますから、『旧約聖書』の創世記もそれらの神話と同様のおとぎ話であるとして科学の世界からは完全に切り離されてしまいました。

しかし、自然発生説には非常に問題があります。偶然の重なりというのは1回だけで済むとは限りません。毎年赤道近くに気圧や湿度などの気候条件の偶然の重なりの結果台風が発生するように、何回もビッグバンや生命の誕生が起こるものだとしたら、この世界は何種類もの起源を持つ生命の体系が混在するごちゃまぜな世界になっていたことでしょう。しかし、この調和した生命の世界はたったひとつの細胞から発生したことに間違いありません。また、宇宙を安定して変わりなく運行している物理法則は宇宙のどこに行っても同じです。

ですから、神話を荒唐無稽の非科学的な話として簡単に片づけるのではなく、科学のなかった時代に比喩と象徴で記述された暗号文書として検討しなおす必要があるのではないかと思うのです。

そして私たち人間が創造の産物であるとしたら、その創造の動機を類推していった結果が、「私たちは神様の子どもである」という驚くべきものであるとここでは結論づけたいと思います。

コヒーレントな世界（汎神論）

世界は原子でできている

眼を閉じて瞑想をしていると、周囲の景色が意識から少しずつ消えていき真っ暗になっていきます。そうすると、どこからどこまでが自分なのかわからなくなっていきます。さらに深く意識を沈めていくと、もっと何かをつかめそうな感じがするのですが、少し怖い気もします。

さて、そのように自分の意識の世界に深く入っていくと、からだという境界にとらわれない自分がいて、さっきまで見えていた身の回りの品々は本当にあったのかどうかもどうでもよくなり、逆に自分はどこに存在しているのかなどと深く考えさせられます。

そういえば、この世界はすべて原子から成り立っています。

原子は陽子、中性子、電子からできていてその組み合わせを変えることで、水素や炭素などあらゆる元素が形作られます。これはとても大事なことです。空気は水素や酸素、窒素からできていますし、ガラスはケイ素、生物の構成要素である有機物は水素や炭素、酸素でできています。それらは燃やそうが混ぜようが別の元素に変化することはありません。

ニュートンは錬金術に夢中になっていたそうですが、別の元素をどんなに加工しても金にはならないことが現代では分かっています。しかし、元素の周期表に載っているそれぞれの元素は、もっと小さい構成要素からできていることが判明し、それが陽子、中性子、電子だったのです。水素も炭素もこれらの3つの要素からできています。例えば水素は1個の陽子と1個の電子からできています。ですから、周期表の1番目にあるのです。炭素は6番ですから6個の陽子と6個の中性子、6個の電子からできています。

自分自身のからだも原子でできていて、身の回りの品々も同じように原子からできていますが、もっと細かく見るとすべてが陽子、中性子、電子からできているということができます。そんなことを考えると、真っ暗な意識の世界のなかで、はたしてこのからだは本当に自分なのだろうか、意識とからだは別のものではないのか、逆にからだの外にあるものはどうして自分と区別されているのだろうかなど、そのような思いが心のなかを行ったり来たりするのです。

アインシュタインは特殊相対性理論の結論のひとつとして、静止した質量mの物体のエネルギーがmc^2であることを導き出しました。質量はともかくcは光の速度です。光の速度は3×10^8メートル／秒ということが分かっています。つまり何が言いたいかというと、ちょっとした質量の物体でも、そのなかに莫大なエネルギーが含まれているということです。ピンと来ないかもしれませんが、核分裂や核融合の際に大量のエネルギーが放出されるのは、この式が証明しています。極端にいえば、たった一個の原子核のなかに、莫大なエネルギーが潜んでいるのです。

昔、「バック・トゥ・ザ・フューチャー」という映画で、未来の車が登場するシーンがありました。ガソリンを使わず、そこら辺のゴミを集めてエンジンに入れ、そこから動力を得ていましたが、私はこのシーンのなかにアインシュタインのこのエネルギーの式を見ました。我々の身の回りにある炭素や水素など安定した物質であっても、その内部には莫大なエネルギーがあるので、未来ではそれを取り出すことが可能になるとイメージさせるシーンだったのです。

繰り返しになりますが、私たちのからだもそうですし、周囲にある物質はすべて原子が集まってできています。その原子は陽子、中性子、電子から成り立っていますが、水素も炭素も、窒素も全ての元素は同じしくみでできています。水素用の陽子や酸素用の陽子が別々に存在するわけではありません。原子核の陽子や中性子の組み合わせが変わるだけで、水素や酸素など異なる元素ができてしまうのです。

さて、これ以上分けられないと考えられていた陽子や中性子も、素粒子から構成されていることが分かっています。つまりミクロの世界は、物質の違いがなく、空間に満ちているいろんな素粒子が相互作用している世界だったのです。空気すらもない空間、真空の宇宙空間のようなものが、素粒子や光といった量子に満たされ、影響を与え合って運動している、そのような姿がわれわれの存在している空間です。

それらの運動は空間のゆらぎであったり、振動であったり、そのような言葉で表現できる世界です。しかもその空間はちょっとしたことで大爆発するほどの莫大なエネルギーを蓄えているのです。

考えれば考えるほどこの世界は不思議です。

眼を開けた私の前にはパソコンがあり、ガラスの机の上に乗っています。私は白衣を着ていて、机の上には筆記用具や資料の本が雑然と置かれています。もし今、私が急に縮小されて原子核ほどのミクロの世界を眺めることになったとします。どうでしょうか？　私には原子核だけしか見えなくなります。すると目の前にみえるものは、机なのか白衣なのか、行けども行けども原子核しか見えません。どんなに目を凝らしてみても大きな原子核、小さな原子核が運動している姿しか見えないことでしょう。

私が当たり前と思って眺めていたいつもの風景、まわりに存在した、あらゆる物質は原子の集まりでしかなかったのです。私はそれをいろんな違う物質だと認識していたのです。メモを書いた付箋も、机の上にある案内状も、原子の世界でみれば違いはなかったのです。

原子の世界について、さらに量子力学的に解釈してみましょう。

コヒーレントな状態にある量子は、粒子でありそれと同時に波である存在です。例えば直線運動をしている粒子が迷路に入り込んでしまうと、壁にぶつかりながら何度も失敗を繰り返しつつ最後にやっとゴールにたどりつきます。これが粒子的な物質の性質です。

今度は大量の水が迷路に流れ込むシーンをイメージしてみてください、波になった量子はそのような感じで迷路の隙間という隙間をあっというまに埋め尽くしてしまいます。波になった量子は迷路の出口にあっという間に到達できるのです。

この迷路の例えを使うと、0と1の2進法を使って計算していく従来のコンピュータと、量子コンピュータの違いをイメージできます。デコヒーレントな3次元世界にある粒子としての量子と、コヒーレントな波として振る舞う量子の能力にはこれほどの違いがあるのです。

意識におけるコヒーレント状態

最初に瞑想のお話をしましたが、観測されていない状態、つまり意識されていない状態というのはコヒーレントな状態と考えられますので、瞑想などを通して自分という意識を超越していくと、私たちの心はコヒーレントな量子的状態になります。すると3次元世界の制約から解放され、距離や物理的な障壁を超越するようになります。3次元世界で使っていた肉体の五感に縛られずに、無意識の奥にある多くのアイディアや感覚に触れることができるはずです（理論的にはできるはずですが、このような境地に至るのは、実際は至難の業です……）。似たような状況になるのが睡眠時の意識です。科学者がひらめきを得るのは寝起きのタイミングが多いと言いますが、夢を見たりして無意識の世界を旅することで何かをつかめるのではないでしょうか？　睡眠中は、心がコヒーレントな量子状態の無意識の世界に入っていくということなのかもしれません。

コヒーレントな感じになるシーンというのは、瞑想や睡眠ばかりではありません。

例えば日本の伝統芸能である夢幻能の場面を見てみましょう。

能が始まると、その場にワキと呼ばれる旅人が現れ舞台の隅に座ります。そして、そこに正体不明のシテと呼ばれる主人公が現れ、二人の問答が始まります。シーンとした静寂のなかで、シテとワキの問答が展開されていきますが、時折ヒノキの木でできた舞台をドンと踏みしめる音が響きます。シテはすでに亡くなった人の幽霊であることが多いのですが、その悲しい想いをセリフや踊りで表現していきます。舞台の端には地謡《じうたい》が数人黙って座っていたのですが、少しずつシテとワキの会話の合間に、セリフを繰り返したり補ったりしながら時にはセリフを奪うなどして加わります。太鼓に似た鼓や笛などの楽器の音も加わり、ワキとの問答を通してシテの感情はしだいに高揚していき動きも激しくなっていきます。

能の舞台は静寂のなかで行われ、暗い照明のなかで甲高く発声される古めかしい日本語は独特のリズムで繰り返されます。そこに大鼓や小鼓の音、足音など強い音が私たちの意識を誘うように、頭のなかというより心のなかに響いてきます。このような雰囲気のなかで、夢幻能の舞台は観客の無意識の海に浮島のように浮かび上がるのです。

呪文のように繰り返されるセリフを通して、意味はおぼろげにしか理解できませんが、静寂のなかに流れる独特の旋律のなかで、観客や演者の意識の奥底から深い感情が沁みあがってくるのです。

能の鑑賞を通して、人間の無意識が解放されるという事実は、まったくの静寂だけではなく、特定の音楽や舞踊もコヒーレントな状況を作れる証拠だと思います。そのような視点で見てみると、シャーマンの踊りやそれを引き出す音楽、私は行ったことがないのですがクラブでの音楽やラップにもそのような効能があるのではないかと思います。ただし、おそらく特定のリズムや言葉の抑揚や韻、音の種類の組み合わせなどなんらかの技術や方法があり、歴史的に効率的な方法が伝承されてきたのではないでしょうか？　それほど人間にとって、コヒーレントな意識状態というのは重要な意味を持つのだと思います。

さて、日本語を外国の方が学習するときに一番困るのが、同音異義語の存在の多さです。「橋」と「端」は有名ですが、「置き」「起き」「沖」「隠岐（地名）」などひとつの音に4つも別の言葉が当てはまるなどざらにあります。実は日本人も言葉を聞いただけでは意味が分からず、言葉の前後関係から意味を理解することが多いのです。これらの言葉はわざと「掛詞《かけことば》」という形で利用されてきた歴史があります。古い日本語では、ひとつの文章ですら2つの意味を同時に持つように作ることが可能で、短い文章で表の意味に加えて表に出せない恋心を裏側に隠したりしていたのです。そして和歌では、巧妙に作られた仕掛けを楽しんできたのでした。

おとにのみ　きくのしらつゆ　よるはおきて　ひるはおもひに　あへずけぬべし

（『古今和歌集』巻第十一・恋歌一　素性法師）

（噂にばかり聞く、キクの白露のように、夜は起きていて、昼は恋の思いに耐えず、消えてしまいそう）

この和歌では「きく」が「聞く」と「菊」、「おきて」が「置きて」と「起きて」、そして「おもひ」の「ひ」が「日」の掛詞となっています。キクに置かれた露に我が身をたとえた歌です。掛詞に沿って文を分解すれば、以下のようになります。

おとにのみ**聞く**⬇**菊**のしらつゆ
よるは**置きて**⬇よるは**起きて**
ひるは思**ひ**にあへずけぬべし⬇**日**にあへずけぬべし

能のセリフに掛詞が多く使われているのを見て、はたと気づいたのですが、掛詞もひとつの言葉に同時にふたつの意味が存在する「表裏一体」の言葉です。能の舞台では同時にふたつの意味を持つセリフを、シテとワキ、そして地謡が掛け合いながら最後には誰がどのセリフを言っているのかわからなくなる渾然一体の世界を作りだしていくのです。

日本語に掛詞が多いということは、日本にはもともとこのような芸能が根づく風土があったということだと思います。つまり日本人は、この世界には表と裏のふたつの世界が「表裏一体」となって存在していることに気づいていたということでしょうか。このふたつの世界こそが、コヒーレント状態とデコヒーレント状態の重ね合わせを意味しているのならば、日本の伝統には重要なポイントが隠されていたと言えるのかもしれません。

宇宙・神・「情」というエネルギー

このような世界観で物質の世界を見ていくと、私のからだと周りの物質の境界がすごくあいまいに感じられるようになります。私と私以外の人、物質、なんにも区別がないのです。同じような物質、原子や素粒子で満たされている空間が無限の広さに広がっている、それが宇宙です。無限の宇宙空間を埋めている素粒子についての研究も進められています。ダークマターと呼ばれるそのような物質に満たされた無限の空間は、行けども行けども同じようなエネルギーで満たされた世界です。問題はそのエネルギーに意思があるかどうかということです。

素粒子や原子の世界が、宇宙の端から端の隅々まで広がっていることは間違いありません。もし私たちが原子レベルのミクロの世界でそれらを眺めても、同じような光や振動が見えるばかりで、無味乾燥な印象しか受けないでしょう。何かわからない空間の振動や閃光が延々と続くだけで、その現象をみているだけでは、今世界で何が起きているのか想像すらできません。はたして宇宙はそんな無機質な世界なのでしょうか?

考えてもみてください、例えば秋の季節に山を彩る紅葉の美しさや落ち葉を踏んで歩く時の音、夏であればスイカの甘さや立ち上がる入道雲、こういった情緒あふれる情景も、恋しい人を想う気持ちやショパンを聴いて流れる涙もこの世界の現実です。ミクロの無味乾燥な風景からは想像できないような、情があふれる世界がこの宇宙には存在しています。宇宙空間に満ちているエネルギーは、ただ無軌道にバラバラに働いてはいないのです。

そう、私は、宇宙はあまねく「情」というエネルギーで満たされていると考えているのです。

日本における汎神論は「八百万の神」といって、自然の万物すべてそれぞれに神が宿るという精霊信仰に近いものです。一神教の世界からみれば、受け入れにくい感覚なのかもしれませんが、量子力学を通して万物全てが量子でできていることが明らかになった現代では、すべての物質から「八百万の神」という神性を感じる感性は見直されていいものかもしれないと思います。

近年の物理学の世界では、素粒子つまり量子は9次元の「ひも」が振動していると説明する理論が提唱されています。3次元世界を大きく超えた世界からみなければわからないかもしれませんが、要するに振動です。量子で構成されている宇宙全体は振動に満ちた世界なのです。振動つまり波に満ちた世界は物質的な制約がない世界です。波の性質を思い出してみましょう。波は物質の移動を伴わずに振動が移動していく現象でした。そして異なる波がぶつかるとどうなるでしょうか? 物質がぶつかった時と違って反発せず合成するのです。波が合成すると、振幅を強め合ったり弱め合ったりします。そして振動のエネルギーが失われなければこの振動はどこまでも伝わり続けます。つまり全宇宙を満たす振動はすべて影響し合っていると考えることができるのです。

そのように考えると、私自身のからだもそうですが、今触っているパソコンも、呼吸している空気も、すべてが宇宙の振動を受け取っているのです。私たちは身の回りの空間を介して、たくさんの宇宙の振動を受け、そして私たちも多くの振動を宇宙に伝えているということになります。

もし神が存在するなら、高次元の存在として、また物質にとらわれないコヒーレントなかたちで存在されていると思います。そうであるなら、宇宙の振動にその御意思が含まれていないはずがありません。このような感覚を敏感に感じるのが、物質を通して「神性」を感じる感覚だと思います。このように考えれば、精霊信仰も一神教も違いはないのです。

さて、「神性」のことをただ単に振動という物理用語で表してきましたが、「神性」というのはエネルギーの源として「情」をもっていると私は考えています。なぜなら、私たち人間の心には深い情がかかわりを持っていて、人生における感動の大半を呼び起こすからです。人間を創造された創造主にその情がないはずがありません。祈りや瞑想を通して私たちが受け取るメッセージは言葉やイメージであることもありますが、涙をともなう情的な感動が何より重要です。

もし宇宙の中心と自分の振動を共鳴させようと思えば、最初は音楽や言葉を通して振動数を合わせていけばいいですが、それだけでは不十分です。その次の段階として情的なつながりをもたなければなりません。

父が他界して15年ほどした頃、母がおつき合いしている男性を紹介したいと言ってきました。私としては、50近くにもなって新しい父親というものができることに非常に抵抗を感じましたので、なかなか会おうとしませんでした。その後、母の強い希望に根負けしてお会いして何度も食事をしたりしました。母親はその男性を父親として認めてほしかったようです。その男性もそうでした。しかし、私にはその男性との間には情的なつながりがまったく感じられないのです。それは何度お会いしても変わりませんでした。

一方で他界した父親のことを思い出すときは必ず情的なつながりが生じます。子供のときに父を呼んだ「お父さん」という単語は発音や抑揚まで明確に思い出すことができます。これが親子の情なのだと感じるのです。そのつながりを他人に対して無理につなごうとすると、心の奥底が嫌がります。

私はある時、他界した父親の面影を宇宙の中心に重ねて「お父さん」と呼んでみました。これが意外にうまくいくのです。一度試してみてください。宇宙の中心をイメージしてもなかなか漠然としてつながりを感じにくいものです。しかし、父親の父親の父親とずーっとさかのぼっていくと、最後は人類史上最初の男性に行きつきます。そしてさらに考えを進めれば、その最初の男性を創られた創造主に行き着くはずです。つまり創造主は私の「お父さん」に間違いありません。だからこのように呼びかけることで、宇宙の中心と情的なつながりをもつことができることに気がついたのです。

宇宙の中心と情的な関係を結び、そこから親子の情を自然に感じられるようになれば、「お父さん」のように無条件に尊敬でき自分を受け入れてくれる存在から「神性」を感じるすべての物質を通して、「私は愛されている」と実感できるでしょう。今この瞬間も、その手の甲で私を撫で、慈しまれる宇宙を、私の喉に触れるカッターシャツの襟を通して、感じるのです。

宇宙の情動――深層心理の海

汎神論とは、万物すべてが神の表れであり、万物に神が宿っているという考え方です。物理学では空間には素粒子が満ちていることになっていますが、それらが無秩序に運動しているわけではなく、なんらかの意志、情をもっているというのが哲学的、宗教的な観点です。

仮に宇宙全体がひとつの意志、情を持っていると考えてみましょう。もしそうであるなら、私たちの何気ない暮らしのなかに、大変な思い過ごしが存在していることに気づきます。これからいくつかの観点についてみてみましょう。

古来、日本では「お天道様《てんとう》が見ている」という表現がよくつかわれました。どんなに隠れていても、誰かに見られていなくても、天はすべてご存知であるという意味です。今は街のあちこちにカメラが設置されていて、犯罪者逮捕に役立っていますが、お天道様を信じる立場から言わせてもらえば、そんなものは本当は必要ありません。逆に隠れて悪さができるのは、実感を持ってお天道様を信じていないからだと言えます。

私たちのからだも宇宙も同じ要素、つまり素粒子でできています。宇宙全体の素粒子がすべてひとつの意志のもとに働いているとするなら、当然私の日々の行動も思いも、宇宙全体に筒抜けということになります。私たちの日々の歩み、恐ろしいことに目に見えない考えや欲望まですべて「お天道様」から見られているという結論になります。正々堂々と良心に恥じない生き方をしなければならない理由はここにあるのです。

中国の顔認証技術の発展を苦々しく、プライバシーの侵害だという人たちがいますが、実際は宇宙全体からすべての行為が見られていることを誰も知りません。プライバシーなど初めから存在しません。素粒子の世界は宇宙の隅々まで通じていますので、もしそこに共通の情があり、意思があるとすれば、宇宙の一部である私の心も行為も全て筒抜けだと思いませんか？　汎神論にはそのような意味合いもあるのです。

私から遠く離れた場所に神様がいて、一生懸命祈った時にだけ話を聞いてもらえるというイメージは間違いです。イエス様が「私が父の内におり、父が私の内におられる」と言われた通り、宇宙全体と同じ素粒子の世界でできている私の存在は、すでに宇宙全体と通じているのです。

また別の観点から宇宙のエネルギーについて洞察してみましょう。そこには情的な衝動があることがわかります。

能の演者である安田登氏はその著書『日本人の身体』（筑摩書房）で、「こころ」と「心《しん》」の違いについて述べています。能「隅田川」を例に出して説明していますが、非常に面白い考え方ですので、ここで紹介いたしましょう。「隅田川」は、わが子を人買いにかどわかされた母親がシテ（主人公）です。子を誘拐されたことによって物狂いとなった彼女は子どもの行方を追って、都（京都）から隅田川（東京）までやってきます。隅田川を前にした彼女は、平安時代の物語『伊勢物語』のなかのくだりを思い出します。

『伊勢物語』の主人公在原業平は、ここ隅田川で都にいる妻のことを偲んでいた。
同じ場所で、今、自分はわが子を思っている。

業平と主人公の母親ではその想いの対象が妻と子で違います。しかし、彼女は「思いは同じ『恋路』なれば」と謡います。ここでいう恋とは恋愛のことではなく、ぽっかりと空いてしまった欠落を埋めたいという非常に深い心的機能に由来する「こい（乞い）」のことだと安田氏は解説しています。

それぞれの人にとって、置かれた状況により思いの対象はころころ変わります。その変化する対象に注目する場合、思いは「こころ」になり刻一刻と変化するので、「こころ変わり」をするように見えます。しかし、それを生み出す心的作用である思いは不変です。この思いは誰にでも、いくつになっても生じうるものとして「心《しん》」であると表現しています。そしてさらに、能は「こころ」ではなく「思い」を扱う芸能なので、演劇中に観客と演者の意識を隔てる膜が徐々に薄れてくる、そして彼らの意識の深層に隠れている無意識が表面に表れて一体になると言います。そのためでしょうか、安田氏は能舞台を観客の「思い（無意識）」の海に浮かんでいる浮島のようなものと表現されているのです。

コヒーレントな無意識の世界には、アイディアや感覚だけではなく、「心《しん》」という強烈な情的衝動が内包されていると私は考えています。情のある汎宇宙的な存在こそが汎神論の根本だと思うのです。

無意識の世界はどのように存在し、万物に満ちている神の精神とどのように関連しているのでしょうか？

ここで聖書の聖句をひとつ引用してみます。

あなたがたは、自分が神の神殿であり、神の霊が自分の内に住んでいることを知らないのですか。

（『新約聖書』「コリント人への第一の手紙」3・16）

これを踏まえて、コヒーレントな無意識の理性的側面について考えてみたいと思います。

ヘーゲルという名を聞かれてどのようなイメージを持たれますか？　ゲオルク・ヴィルヘルム・フリードリヒ・ヘーゲル（1770〜1831）は、弁証法で有名なドイツ観念論哲学の巨人です。ヘーゲルは弁証法にスポットライトが当たりがちな人ですが、あえてここでは彼の「世界精神」についての考察を紹介してみたいと思います。

彼の残した逸話のなかに、私が気に入っているものがあります。ナポレオンがドイツに侵攻しヘーゲルの勤めるイエナ大学を封鎖したことがありました。それが原因で彼は大学を辞めることになるのですが、ナポレオンの姿を見て「ほら、世界精神が馬に乗っている」と友人への手紙に記したというのです。

彼は、人間のなかではなく外側に世界を動かしている「絶対精神」という物質的でないものがあり、それが「世界精神」として歴史上の人物を操り、人間に自由をもたらすために働いていると考えました。ですから、敵国であるフランスのナポレオンを直に見て敵愾心《てきがいしん》を持つよりも、ナポレオンの姿を通して「世界精神」のはたらきを直を見ることができたと考え興奮しているところが面白いと思うのです。

この「世界精神」というアイディアは、全人類がどこかでつながっているという感覚をヘーゲルが持っていたのだと私は考えます。

街の通りを何気なく眺めると、いろんな服を着た老若男女があらゆる方向に向かって歩いていきます。まっすぐ前を向いている人もいれば、うつむいたまま考え事をして歩いている人もいます。普通の人はこの窓から見える風景をそのまま人間社会の姿だと思うでしょう。しかし、ヘーゲルにとってはそうではありませんでした。彼は各個人が自分の自由意思でめいめい勝手に動いているのが世界の姿ではなく、歴史には方向性があり、その方向性を実現するために各個人が自分も知らないまま突き動かされていると考えました。

特に彼は、人間の自由を実現する方向に歴史が流れていると考えていましたので、ドイツ社会にとっては破壊者であるナポレオンですら歴史を動かしている重要な鍵であると見たのでしょう……。

このヘーゲルの提唱した「世界精神」は、汎神論の考え方で解釈すれば神の理性的精神と言えます。聖句を振り返れば、我々を満たしている神の霊のことだと言えるでしょう。ただしヘーゲルも、その後に汎神論を展開するライプニッツも、神や形而上学的なものをなんとか理性的にとらえようとしました。ですからなんとなく機械的で冷たいイメージを伴う表現をしています。しかし、神の精神は理性的なだけではなく、喜怒哀楽を感じる人格を持ち、あえて言わせてもらうなら、愛の源泉として存在しています。人の精神の奥深くにある深層心理から「心《しん》」である思いが全ての人に共有され湧きだしてくるのは、深層心理の海が神の霊であるからにほかなりません。

私たち人間だけではなく全ての被造物のなかには神の霊が満たされているので、すべての物体を通してその思いを感じ取ることが可能なはずです。

最後に、インドの詩人R・タゴールの詩を再び紹介したいと思います。

タゴールは1913年にアジア人として初めてノーベル（文学）賞を受賞した詩人です。その詩はインドの伝統思想である梵《ぼん》我《が》一如《いちによ》の考え方をベースにしています。彼の作品『ギタンジャリ』は、有限なるもの（人間）から無限なるもの（創造主）への創造の不可思議に捧げる讃歌であると、訳者の森本達雄氏によって表現されています。あまりに美しい文章ですので、原文も並べておきます。

おんみは　わたしを限りないものになしたもうた――それが　おんみの喜びなのです。この脆い器をおんみはいくたびも空にしては、つねに　新たな生命でみたしてくれます。この小さな葦笛を　おんみは　丘を越え　谷を越えて持ちはこび、その笛で　永遠に新しいメロディーを吹きならしました。

THOU hast made me endless, such is thy pleasure. This frail vessel thou emptiest again and again, and fillest it ever with fresh life.
This little flute of a reed thou hast carried over hills and dales, and hast breathed through it melodies eternally new.

わが生命の主なる生命よ、わたしはつねにわが身を清くしておくよう　つとめましょう――おんみの御手が　活き活きと　わたしの五体の隅々にまで触れるのを知っているからです。

LIFE of my life, I shall ever try to keep my body pure, knowing that thy living touch is upon all my limbs.

（ラビンドラナート・タゴール著・森本達雄訳注『ギタンジャリ』第三文明社）

（タゴールは「この広大な宇宙にみなぎり、宇宙を統べる同じ精神が、彼の内部にもやどり、彼の生と才能を導いてくれている」〈K・クリパラーニ〉と信じ、その精神をいっそう身近なものとして感じるとき、それをジボン・デポタ〈生命の主＝生命神〉と名づけ、「わが生命の主なる生命」と呼びかけたのである。森本達雄）

Ⅲ章

ヨブ記考

人は「死」という観念に常にとらわれています。「死」や「老い」という観念を忘れ、自由に生きられたらどれほどいいでしょうか。

私は高齢者の医療をメインに仕事しているおかげで、多くの超高齢者の方と交流してきました。そのような方々のなかでも特に印象的な女性がおられます。若い時から非常に聡明な方だったそうですが、精神疾患を患われたために精神病院への入退院を繰り返しておられました。だいぶ高齢になられたので、終《つい》の棲家《すみか》として私の経営する老人ホームに入所されました。

夜中に職員と食事に行きたいと言われるなど、突飛な言動が多くコミュニケーションが難しい方だと皆思っていたのですが、時にウィットに富んだ受け答えをされるので、だんだんと職員から好かれるようになり、私もとても魅力的な方だと思うようになりました。この方の眼がとても美しいのです。なぜなのかずっと考えていました。おそらく彼女は自分が老いていることも、死が迫っていることもまったく意に介されていません。なので、発想がとても自由で、介護している我々がはっとさせられるのです。

死という観念にとらわれるとどのような思考に陥っていくのか、ここでは、『旧約聖書』の「ヨブ記」をご紹介しながら、人間の生について考えていきたいと思います。

聖書に馴染みのない方が、この「ヨブ記」に目を通されることはほとんどないでしょう。正直、私も真剣に読んだことはありませんでした。「全身に皮膚病を患った男性の話」くらいの認識で、いずれ読むこともあるだろうという感覚でした。もしかしたら、ゲームやアニメに用いられるリバイアサンやベヒーモスといった怪物の名前は聞いたことがあるかもしれませんが、これらの名前は「ヨブ記」に由来しています。

たまたま聖書を開いて興味のある場所を拾い読みしていた時のことです。私は「ヨブ記」のページを偶然開いてしまいました。ちょうど指があたりやすい場所なのです。なにげなく文章を読んでみると、その内容は人間の死生観に関わる重要なものでした。ヨブのセリフを読みながら、深く感じる部分が多くありました。そしてヨブの生きた当時では仕方のないことで、不確かな知識や伝説しか生きる道しるべのない世のなかが描かれています。何もわからないヨブは神を畏れながらも自分の思いを赤裸々に吐露しながら、神を恨み、神を訴えながらも神を信じようと求め続けました。そしてヨブは自分の中の矛盾に気づいていくのです。神は想いに対し、最後に答えられました。その神を想う真摯な想いに応えられたのです。ヨブの心の過程は時を超えて現代に生きる私たちにとっても、深く考えるべきテーマです。

この「ヨブ記」は詩のようなことばのなかに、人間の叫びが込められています。実際の文章を読んでいただければ、きっと自分もこのように感じたことがある、考えたことがあると思われるでしょう。ですので、あえて本文をだいぶ引用しています。じっくり聖書の文言に目を通していただき、その上でどのようにそれらを消化していけるか考えていきます。

ヨブが人間の生をどのようにとらえているか、その考えのためにどのような結論に至るのか、「ヨブ記」は我々が自分の人生について考えるよい材料になると私は考えます。

第1章

ウツの地にヨブという人がいた。無垢な正しい人で、神を畏れ、悪を避けて生きていた。七人の息子と三人の娘を持ち、羊七千匹、らくだ三千頭、牛五百くびき、雌ろば五百頭の財産があり、使用人も非常に多かった。彼は東の国一番の富豪であった。

ある日、主の前に神の使いたちが集まり、サタンも来た。主はサタンに言われた。

「お前はどこから来た。」

「地上を巡回しておりました。ほうぼうを歩きまわっていました。」とサタンは答えた。

主はサタンに言われた。

「お前はわたしの僕《しもべ》ヨブに気づいたか。地上に彼ほどの者はいまい。無垢な正しい人で、神を畏れ、悪を避けて生きている。」

サタンは答えた。

「ヨブが利益もないのに神を敬うでしょうか。あなたは彼の一族、全財産を守っておられるではありませんか。彼の手の業をすべて祝福なさいます。お陰で、彼の家畜はその地に溢れるほどです。ひとつこの辺で、御手を伸ばして彼の財産に触れてごらんなさい。面と向かってあなたを呪うにちがいありません。」

主はサタンに言われた。

「それでは、彼のものを一切、お前のいいようにしてみるがよい。ただし彼には、手を出すな。」

この第1章がなければ、「ヨブ記」はただのヨブの生涯の物語になってしまいます。しかし、ヨブの知らないところに、このような背景があったわけです。私たちにも急に襲ってくる不幸がありますが、その背景、業について私たちが知ることはありません。そのような出来事に遭遇して、ヨブがどのように考え、消化していくのかというのが、この「ヨブ記」の主眼です。

そして、神に対してサタンという存在があり、それが神と対話しているということが重要です。神はその当時地上に生きている人間のなかで、ヨブを一番正しく無垢な人だと自慢されます。しかし、サタンは納得しません。恵まれた環境にいるから正しく生きられるだけで、少し苦しい思いをさせればすぐに神を呪い不平を言いだすだろうというのです。サタン自身がそうでした。エデンの園で自分より後に創造されたアダムとエバに嫉妬し、エバをだましました。神に対して不満をもったのです。結局サタンはこう言いたいのです。「地上で一番正しいとされるヨブでさえ、自分と同じように考え行動するだろう」。それはつまり、すべての人類が神に似ている存在ではなく、自分（サタン）に似た存在なのだと。そして、もうひとつ大事なことは、神は人間に直接手を下されません。サタンが下すのです。人間はそれを知らないために、この後の章でヨブがそうするように、不幸を神のせいにして、神を呪うのです。

ヨブの一族は襲撃され、家族は殺され、豊かだった財産はすべて奪われてしまいました。

ヨブは立ち上がり、衣を裂き、髪をそり落とし、地にひれ伏して言った。

「わたしは裸で母の胎を出た。
裸でそこに帰ろう。

主は与え、主は奪う。

主の御名はほめたたえられよ。」

このような時にも、ヨブは神を非難することなく、罪を犯さなかった。

第2章

サタンは答えた。

「皮には皮を、と申します。まして命のためには全財産を差し出すものです。手を伸ばして彼の骨と肉に触れてごらんなさい。面と向かってあなたを呪うにちがいありません。」

主はサタンに言われた。

「それでは、彼をお前のいいようにするがよい。ただし、命だけは奪うな。」


サタンはヨブに手を下し、頭のてっぺんから足の裏までひどい皮膚病にかからせた。ヨブは灰の中に座り、素焼きのかけらで体中をかきむしった。

このようになっても、彼は唇をもって罪を犯すことをしなかった。


財産や家族を奪われただけでは、ヨブはへこたれませんでした。必死で自分の心を奮い立たせ、良心の願う生き方を全うしようとします。

しかし、サタンはまだあきらめません。からだが健康だからヨブは心が折れないのだ、からだの苦痛までも伴うようにすればきっと自分（サタン）のようにすべてを神のせいにして、神を呪うだろうと。

私は死の床についた方々を数多く看取ってきました。癌が全身に転移し、身の置き所がなくてベッドから床に転がり落ちるような苦しみも見てきました。今は鎮痛剤が発達しているので、まだましですが、それでも病の苦しみというのは、本当につらいものです。しかも病の最後には体力がなくなり、口すら思うように動かせないので、話したいことも話せず、呼吸も苦しく、気力はなえてしまいます。最後には諦めの心境に至るのかもしれません。眠るように逝かれる方も多いですが、無念な表情を浮かべながら逝かれる方もおられます。

ヨブは病の苦しみのなかにいました。正常な状態ではなく、気力も体力も失われる状況です。そのようななかでも良心に従い、生を全うしよう、ヨブはその試練に耐えようとします。

しかし、とうとうヨブの心は折れてしまいました。彼の境遇に同情し各地から集まってきた3人の友人たちに対し、ヨブは思いのたけをぶつけます。そして一度不満が口から出始めると、感情に拍車がかかりとめどなく言葉が出てきてしまいました。3人の友人はかわるがわる、彼を理詰めで説得しようと試みますが、それらの言葉は逆にヨブの感情を逆なでし、尽きることのない神への非難を引き出してしまいました。

第3章

わたしの生まれた日は消えうせよ。
男の子をみごもったことを告げた夜も。

その日は闇となれ。
神が上から顧みることなく
光もこれを輝かすな。

なぜ、わたしは母の胎にいるうちに
死んでしまわなかったのか。
せめて、生まれてすぐに息絶えなかったのか。

なぜわたしは、葬り去られた流産の子
光を見ない子とならなかったのか。

なぜ、労苦する者に光を賜り
悩み嘆く者を生かしておかれるのか。
彼らは死を待っているが、死は来ない。
地に埋もれた宝にもまさって
死を探し求めているのに。

日ごとのパンのように嘆きがわたしに巡ってくる。
湧き出る水のようにわたしの呻きはとどまらない。

恐れていたことが起こった
危惧していたことが襲いかかった。
静けさも、やすらぎも失い
憩うこともできず、わたしはわななく。

まず彼は、こんなに苦しい思いをさせられるくらいなら、自分は生まれなければよかったという話を始めます。なぜ全能の神が、これほどの苦しみを私に与えるのか？　こんなに苦しい思いをさせるために神が人間を創造されたというのか？

苦しい思いをしたことがある方なら、どなたも同じ思いをされたことがあるでしょう。だから私は神を信じないという結論に至ることもあるでしょう。人間として生まれて、なぜこんなにも苦しみが多いのか、なぜ自分は恵まれた境遇に生まれなかったのか、こんなにも希望がない人生なら生まれない方がよかった。実際に災難を受けてしまったとき、人はその境遇の理不尽さを呪ってしまいます。

そして彼は「死を探し求めているのに」とこぼします。それはどういうことでしょうか、このセリフは、ヨブは「死ねば労苦から逃れられる」と考えている、ということを示しています。

第7章

この地上に生きる人間は兵役にあるようなもの。
傭兵《ようへい》のように日々を送らなければならない。

奴隷のように日の暮れるのを待ち焦がれ
傭兵のように報酬を待ち望む。
そうだ
わたしの嗣業《しぎょう》はむなしく過ぎる月日。
わたしの一生は機《はた》の梭《ひ》よりも速く
望みもないままに過ぎ去る。

もうたくさんだ、いつまでも生きていたくない。
ほうっておいてください。
わたしの一生は空しいのです。

ヨブにも、幸せで神に感謝しながら生活する日々がありました。しかし、苦しい日々はその思い出すらも色褪せさせてしまいました。価値ある充実していた時間さえ、苦しみのなかにあるヨブには意味のないものに思えました。しかも神にほっておいてほしいと言います。しかも神のことを考えない生活というのは、日銭を稼ぎただ時間が過ぎていく、本当に空虚な生活であることをヨブは知っているのです。

第9章

神は北斗やオリオンを
すばるや、南の星座を造られた。
神は計り難く大きな業を
数知れぬ不思議な業を成し遂げられる。

わたしのようなものがどうして神に答え
神に対して言うべき言葉を選び出せよう。
わたしの方が正しくても、答えることはできず
わたしを裁く方に憐みを乞うだけだ。

わたしが正しいと主張しているのに
口をもって背いたことにされる。
無垢なのに、曲がった者とされる。
無垢かどうかすら、もうわたしは知らない。
生きていたくない。

罪もないのに、突然、鞭打たれ
殺される人の絶望を神は嘲笑う。
この地は神に逆らう者の手にゆだねられている。

神がその裁判官の顔を覆われたのだ。
ちがうというなら、誰がそうしたのか。

あの方とわたしの間を調停してくれる者
仲裁する者がいるなら
わたしの上からあの方の杖を
取り払ってくれるものがあるなら
その時には、あの方の怒りに脅かされることなく
恐れることなくわたしは宣言するだろう
わたしは正当に扱われていない、と。

ヨブは自分を正当化します。神は全能の創造主で、そのされることに文句は言えないが、私は間違っていない。私が苦しみを受けるいわれはない。私よりも悪い人間がたくさんいるのに、神は神に逆らう者ではなく正しく生きる私を責められた。おかしいではないか。ヨブは神が間違っていると言いたいのです。しかし、ただ神が怖いので言わないだけのことです。

この時点のヨブにとって、神の存在は無慈悲な化け物のようです。心を通わせ、信頼している対象ではありません。ヨブの心は宇宙全体を考える余裕がなく、不幸な自分のなかしか見えません。このような心理状態になると、自分以外の存在はすべて自分を無視し、蹂躙《じゅうりん》する敵のように見えるでしょう。しかし、実際のところ神はヨブのことを自慢の僕と考えていました。

この世界の仕組みは、ヨブの理解を超えていたのです。ヨブを中心に宇宙が運行しているわけではない……。私たちもついつい、ヨブと同じような思考パターンに囚われてしまいます。ヨブを含め、私たちは、悲しいかな宇宙の仕組みを何も知らない無知な存在なのです。

奇跡を求める人がいます。神は私の言うことを聞いてくれているはずだから、奇跡を起こして私を救ってくれるはずだ、敵を滅ぼしてくれるはずだと。

しかし、そのような自分しか見えない存在と宇宙になんの関りがあるでしょうか。

第13章

黙ってくれ、わたしに話させてくれ。
どんなことがふりかかって来てもよい。
たとえこの身を自分の歯にかけ
魂を自分の手に置くことになってもよい。
そうだ、神はわたしを殺されるかもしれない。
だが、ただ待ってはいられない。
わたしの道を神の前に申し立てよう。
このわたしをこそ
神は救ってくださるべきではないか。

罪と悪がどれほどわたしにあるのでしょうか。
わたしの罪咎《ざいきゅう》を示してください。
なぜ、あなたは御顔を隠し
わたしを敵と見なされるのですか。

ここでヨブの心に少し変化が表れてきます。神への信頼を少しずつ思い出すのです。本当は神と通じ合いたいのに、神が自分にこのような仕打ちをされたことが納得できないのです。それで、ヨブは神のされたことを理性的に納得しようとします。

第14章

人は女から生まれ、人生は短く
苦しみは絶えない。
花のように咲き出ては、しおれ
影のように移ろい、永らえることはない。
木には希望がある、というように
木は切られても、また新芽を吹き
若枝の絶えることはない。

地におろしたその根が老い
幹が朽ちて、塵に返ろうとも
水気にあえば、、また芽を吹き
苗木のように枝を張る。
だが、人間は死んで横たわる。
息絶えれば、人はどこにいってしまうのか。

人は死んでしまえば
もう生きなくてもよいのです。
苦役のようなわたしの人生ですから
交替の時が来るのをわたしは待ち望んでいます。

第17章

わたしの人生は過ぎ去り
わたしの計画も心の願いも失われた。
どこになお、わたしの希望があるのか。
誰がわたしに希望を見せてくれるのか。

ヨブは神のされたことに理性的に納得がいきません。そして人間とそれ以外の万物が異なるところにその理由を見出そうとします。神が創造された植物は、例え切られたとしても枯れたとしても、新芽が芽生え、生命が続き永遠に生き続ける。しかし、人間だけは１００年余りの人生しかなく、そこで人生が終わってしまう。だから、苦しみだけの人生を生きる人も多くいる。私は運悪く苦しい人生を生きる運命に生まれてしまった。残念だが諦めるしかない。

この部分が最大のポイントです。

神の被造物がすべて永遠に生きていくのに、人間だけが短命である理由がないのです。ヨブは被造物の生命が永遠に続いていることに気づいていました。本当に知恵のある人だと思います。しかし、残念ながらもう一歩進んで、人間も同じ被造物で、永遠に生きる存在であることにまで思いが至りませんでした。ですので、人間が短命の存在で、死んだらすべてなくなってしまうという思い込みに支配されています。どうしても自分だけが不幸になっていると感じてしまい、不公平な神の処置に納得がいかないのです。

第19章

それならば、知れ。
神がわたしに非道なふるまいをし
わたしの周囲に砦を巡らしていることを。
だから、不法だと叫んでも答えはなく

救いを求めても、裁いてもらえないのだ。

わたしの名誉を奪い
頭から冠を取り去られた。
四方から攻められてわたしは消え去る。

こんなに訴えているのに、神は何も答えられません。ヨブはなげやりになり、また不安になります。神を呪ったせいで、神の所業を不当だと断じたせいで、創造主である神に見捨てられたのではないか?
ここには心の奥底の神への敬愛の念を感じます。しかし、ある面、親にいくら訴えても答えてもらえず、すねてしまった駄々っ子のようでもあります。

第21章

なぜ、神に逆らう者が生き永らえ
年を重ねてなお、力を増し加えるのか。
子孫は彼らを囲んで確かに続き
その末を目の前に見ることができる。
どこになお、わたしの希望があるのか。
誰がわたしに希望を見せてくれるのか。

ヨブは、神に逆らう者と自分とを比較します。神を信じる者より、信じない者が優遇されているではないか、それなら神を信じる意味がないではないかと。

ここにはふたつの問題があります。まずヨブが、神からの恵みを「その人の持っている財産」であると考えている点です。地球上には気候の厳しい場所もあれば、そうでない場所もあります。流通がよい場所もあれば、そうでない場所もあります。特産物も主食も違います。地球上の人全員がまったく同じ物質的な幸せを得ることなど望むべくもないことですし、その必要もありません。物質的な恵みは大きな恵みの一部に過ぎないことをヨブは忘れていました。

もうひとつは、誰かが幸せを感じているかどうかを他人は判断できない点です。ヨブが思っているほど財産を持つ者が幸せかどうかわかりません。人に言えない深い苦悩を抱えている可能性もあります。さらに言えば、そもそも他人が幸せであることを喜べないことが問題なのです。

被造物すべてを創造されて「よし」と言われた創造主なのです。全ての存在に幸せになってほしいと願われているはずです。だから神と同じ立場で、他の人を見るならばその幸せは基本的にうれしいことなのです。そう思えないところに問題があります。逆にもし誰かが苦痛を受けているなら、その背景にはそれぞれの事情があるにちがいないのです。まさにこのヨブのようにです。それは私たちの判断すべきことではありません。神を信頼するなら、神もその人の問題を早く解決してあげたいと、もだえるような心情でおられることを知らなければなりません。きっとすぐにできない事情があるのです。他人である私にできるのは心を寄せて、その事情が早く解決することを一緒に祈ることだけです。

だから、私は私の背景にある問題の解決に集中しなければなりません。

自分も他人と同等に扱われる権利があると神に主張するのは、以上の理由から非常に不遜な行為なのです。引用はしておりませんが、この21章の13節と21節には、「陰府に赴く」「人生の年月が尽きてしまえば」というヨブのセリフが出てきます。これは、どうしてもヨブが死という観念にとらわれていることを示しています。そして、人生に幸不幸があるように見えるのは、ヨブがそうであったように、人生が永遠に続くことを理解できずにいるためなのです。

第26章

死に至るまで、わたしは潔白を主張する。
わたしは自らの正しさに固執して譲らない。
一日たりとも心に恥じるところはない。
わたしに敵対する者こそ罪に定められ
わたしに逆らう者こそ不正とされるべきだ。

第30章

わたしは幸いを望んだのに、災いが来た。
光を待っていたのに、闇が来た。
わたしの胸は沸き返り

静まろうとしない。

とうとうヨブの理論は破綻してしまいました。神を信じない者ではなく、「私に敵対する者」が罪に定められるべきだと断じてしまいます。

私たちにもよくあることですが、仕事のミスや態度など問題を指摘されるとすぐには受け入れられないものです。言い合いになれば、自分は悪くないという立場で話を進めてしまい、自己正当化の言い訳を重ねてしまいます。どこかで自分も悪かったと折れることができればいいのですが、自分に都合の悪い情報が新たに出てくるたびに自己正当化を続けていけば、そのたびに自分以外の何かが悪かったと別の原因を探さなければならなくなります。

ヨブの場合、自分は正しく生きてきたという自負が強かったこともあったのでしょう、とことん最後まで自分を正当化してしまったがために、最後は自分や宇宙を創った神様が悪かったという結論に至ってしまいました。ヨブは宇宙のなかに自分が存在する基盤を失ってしまったのです。

しかし、３人の友人はヨブの理論に言い負かされてしまいました。つまり、その３人も心の奥底でヨブと同じ考え方を持っていたことになってしまったわけです。

第31章

わたしを胎内に造ってくださった方が
彼らをもお造りになり

我々は同じ方によって
母の胎に置かれたのだから。

ヨブは、自分を正当化するために、その気づいていることすらも理論のなかに覆い隠してしまいます。どんなに他人を責めようと、他の人間も自分と同じように神がつくられたことを、つまり他人も自分と同じように神と関係があることに実は気づいているのです。

ヨブを合わせて4人の智慧者の議論を傍で聞いていた若者エリフが怒りに震えて、発言します。

第33章

なぜ、あなたは神と争おうとするのか。
神はそのなさることを
いちいち説明されない。
まことに神はこのようになさる。
人間のために、二度でも三度でも。
その魂を滅亡から呼び戻し
命の光に輝かせてくださる。

第34章

もし神が御自分にのみ、御心を留め
その霊と息吹を御自分に集められるなら
生きとし生けるものは直ちに息絶え
人間も塵に返るだろう。

神が黙っておられるのに
罪に定めうる者があろうか。

第35章

あなたが過ちを犯したとしても
神にとってどれほどのことだろうか。
繰り返し背いたとしても
神にとってそれが何であろう。
あなたが正しくあっても
それで神に何かを与えることになり

神があなたの手から
何かを受け取ることになるだろうか。

あなたは神を見ることができないというが
あなたの訴えは御前にある。
あなたは神を待つべきなのだ。

エリフの発言によって、ヨブたちの議論は終わります。エリフの義憤が混迷の議論を終わらせました。するとと、嵐のなかから神が話を始めました。

第40章

男らしく腰に帯をせよ。
お前に尋ねる。わたしに答えてみよ。
お前はわたしが定めたことを否定し
自分を無罪とするために
わたしを有罪とさえするのか。

エリフの言葉にはっと我に返ったヨブは、神の声を聞き、そして己の発言を悔い改めます。

第42章

あなたは全能であり
御旨の成就を妨げることはできないと悟りました。
「これは何者か。知識もないのに
神の経綸《けいりん》を隠そうとするとは。」
そのとおりです。
わたしには理解できず、わたしの知識を超えた
驚くべき御業をあげつらっておりました。

しかし今、この目であなたを仰ぎ見ます。
それゆえ、わたしは塵と灰の上に伏し
自分を退け、悔い改めます。

この物語はヨブが悔い改めて終わります。ヨブが自分中心に物事を考えていたことを悔い改めた物語ではありました。しかし、私はこの物語のなかに人間の死生観が導く不明を感じます。

ヨブは人間の100年に満たない肉体の人生だけを考えていました。ですから、肉体的な欲求が満たされた人とそうでない人がいて、不公平が生じていることを心のどこかでおかしいと感じていました。全能の神

がなぜこのような問題を見過ごされているのかと疑問にも思っていたでしょう。それが不幸な事件によって顕在化しました。

なぜあれほど神を信じていたヨブが、神を呪うほどになってしまったのか?

この話は神の偉大さにひれ伏して終りの話ではないのです。彼の心のなかの疑問に答えが出なければ、彼の心は決して解放されないでしょう。

私は人間の死生観に劇的な変化が起きなければ、これらの問題に答えは見つからないと思っているのです。

無意識の世界

果たして私は死んでしまったらどうなるのだろう？

そう思いませんか？

頭のなかでは、いずれ肉体が衰え機能停止してしまうものとわかっています。

ではこの本を読んでいる私、今、考えている私、私も肉体と一緒にいなくなってしまうのでしょうか。

そもそも、それを考えている「私」とはなんでしょうか。


これらの疑問にヒントを与えてくれるのが、臨床心理学です。

ユングの心理療法を日本に紹介し、その考えを継承するだけでなく、独自に発展させ、「日本人の心」というものを深く考察してこられた河合隼雄の文章を通して考えていきたいと思います。

カール・グスタフ・ユング（1875～1961）はスイスの精神科医で分析心理学の創始者です。ユングはタイプ論や夢分析の理論を提唱し、人間の深層心理について多くの示唆を残した人物です。

まず、私たちは心を持っています。そしてそれを単純なものとして認識しているのが普通です。しかし、心は多くの要素から成り立っていて、構造がありました。心の働きの乱れから病気が起こることを分析し、治療に結びつけたのが分析心理学です。

まず、彼の残した最も有名な単語「コンプレックス」について紹介いたしましょう。

「私には足が短いというコンプレックスがあります」という具合にコンプレックスは日常会話でもよく使う単語です。しかし、英語でコンプレックスの意味を調べると「複合」という意味であることが分かります。足が短いという「複合」……では意味が通りません。それはコンプレックスという言葉が、ユングが初めて用いるようになった新しい言葉だったからなのです。

これからコンプレックスの言葉の由来について説明いたします。

まずコンプレックスを知るためには、自我（ego）について知る必要があります。自我（ego）は心理学の用語で少し難しいので、説明するために河合隼雄の言葉を引用します。

> 人間が生まれてから成長するに応じて、その意識体系も複雑になるが、それが一貫した統合性をもっていることは大切なことである。この統合性をもつゆえに、われわれは一個の人格として認められ、また、いわゆる個性というものも感じられるのである。ユングは、この意識体系の中心的機能として自我（ego）を考えた。この自我の働きにより、われわれは外界を認識し、それを判断し、対処する方法を見出していく。これによって、われわれはその場面場面に応じた適切な行動をとってゆくわけである。
>
> （「１００分ｄｅ名著　河合隼雄スペシャル」ＮＨＫ／Ｅテレ、２０１８年７月放送）

つまり、「私」が考えたり判断したりするのは意識の作用ですが、意識は思っている以上に複雑に構成されているので、バラバラに働かないように統合させる核のようなものが必要だということです。今、あなたの心のなかはどうなっていますか？　感じていること、思い出したこと、とらわれていること、多くのものが交錯

1：頭	21：インキ	41：金	61：家	81：礼儀
2：緑	22：怒り	42：馬鹿な	62：可愛い	82：狭い
3：水	23：針	43：ノート	63：ガラス	83：兄弟
4：歌う	24：泳ぐ	44：軽蔑する	64：争う	84：怖がる
5：死	25：旅行	45：指	65：毛皮	85：鶴
6：長い	26：青い	46：高価な	66：大きい	86：間違い
7：船	27：ランプ	47：鳥	67：かぶら	87：心配
8：支払う	28：犯す	48：落ちる	68：塗る	88：キス
9：窓	29：パン	49：本	69：部分	89：花嫁
10：親切な	30：金持ち	50：不正な	70：古い	90：清潔な
11：机	31：木	51：蛙	71：花	91：戸
12：尋ねる	32：刺す	52：別れる	72：打つ	92：選ぶ
13：村	33：同情	53：空腹	73：箱	93：乾草
14：冷たい	34：黄色い	54：白い	74：荒い	94：嬉しい
15：茎	35：山	55：子供	75：家族	95：あざける
16：踊る	36：死ぬ	56：注意する	76：洗う	96：眠る
17：海	37：塩	57：鉛筆	77：牛	97：月
18：病気	38：新しい	58：悲しい	78：妙な	98：きれいな
19：誇り	39：くせ	59：あんず	79：幸運	99：女
20：炊く	40：祈る	60：結婚する	80：うそ	100：侮辱

ユングの連想検査の刺激語（河合隼雄『ユング心理学入門』岩波書店）

していることに気づかれると思います。これらの要素が勝手に働いたらどうなるでしょう？　急に泣き出したり、注意が散漫になったりということが起きてしまいます。いろいろある意識の要素を統合して働かせることができるので、私は私を保って行動できるのです。

この意識全体の核のようなものが「自我」であるとユングは考えました。そしてこの意識は、境界で外界から閉じられていないということが大事なポイントです。普通の物体は、その内部と外部を分ける境界を持っていますが、意識は境界をもっていないのです。ですから自我という強力な中心を作ることで、意識がバラバラにならないようにしているのです。しかし強固に思える自我も、自我以外の部分から影響を受けることがあります。

心理学で用いられる手法に「頭」「緑」「水」「歌う」「死」といった単語を聞いて、その単語から連想されるものを素早く答えていくという「言語連想実験」というものがあります。実験をすると、意外な答えがでたり、間を置かずに行う再検査では前回の答えを覚えていなかったり、違う答えを言ったりということがあるそうです。

この実験は、心のなかでも自我がはたらいていない部分のことを知ろうとしていることに注意してください。ゆっくり考えれば、自我が答えを作り出してしまうので、その暇を与えずに答えさせるのがポイントです。この実験を通して、被験者の心を乱す言葉がひとつのまとまりをなしていることがわかりました。そして、それをユングが複合体＝コンプレックスと名づけたのです。

コンプレックスは心のなかではあっても自我の外にあって、自我に働きかける心の要素のかたまりであり、統合している自我の働きを乱すものです。そしてコンプレックスは自我によって統制できない性質をもつために、強くなると自我の存在すら脅かすことがあるといいます。ヒステリーなどはその典型的な症状でしょう。

では「自我の外」というのはなんでしょうか？

自我は意識されている部分ですので、自我の外側は無意識の世界です。

恥ずかしながら、私は自分の結婚披露宴の記憶がほとんどありません。

若かりし頃ですが、大学教授を始め多くの来賓を呼ぶことにしていましたので、妻と一緒にかなり時間をかけて披露宴の準備をしたことを覚えています。会場は、一般的な結婚式に使われるホテルではなくて、海のなかに突き出たテラスの上にあるレストランにしました。私はホテルの食事がおいしくないので（ホテルの方は怒らないでくださいね、あくまでも個人の見解です）、あえてレストランにしました。メニューは一品一品吟味し、来賓一人一人に大きなフカひれの入ったスープがでるようにして、前の週には試食会も行いました。会場の4面の窓すべてから海が見えるのですが、夕方に始まった披露宴ではあえてカーテンをおろしておいて、サンセットの時間にすべてのカーテンが一斉に上がるようにして、来賓の皆さんに美しいサンセットを楽しんでもらうという仕掛けもしていました。昔のことなのに、このように細かく覚えています。しかし、式が始まって10分もしないうちに私の意識はなくなり、次に気がついたときには自宅の天井を見ていました。何が起こったんだろうとだいぶ考えました。披露宴が始まったばかりなのに、私は布団に寝ているのです。

その後、式の顛末を聞いて、私は自分にあきれました。

式が始まったとたん、同僚の医師たちが一斉に強い日本酒をもって挨拶に来たのです。それを私はすべて飲み干していきました。普通の結婚式ではテーブルに置いておくお酒はビールにするところを、私が気を利かせていろんなお酒を準備していたばかりに、彼らのいたずら心を刺激してしまったのです。私自身がお酒に強い自信をもっていたことも徒《あだ》になりました。私は10分で意識を失ってしまったのです。

しかし妻から披露宴の話を聞いていて不思議だったのは、会場に来た人のほとんどが、私が意識のないことに気づいていなかったことです。信じられないでしょうが、私はキャンドルサービスをした上に、最後の挨拶までしていたのです。しかも挨拶は事前に予定されていなかったものでした。急にすることになったのです。なんと朝、自宅を出発するときに、もしそのようなことになったらこんな話をしようと考えていたことを話していました。式の内容を映したビデオは、恥ずかしくて長いこと自分で観ることはできませんでしたが、ビデオを観てみると本当にそうでした。

意識を失っていたと言っても誰も信じてくれなかったのですが、私は知っています。私のなかには自我以外の心があるのです。これほどひどくはありませんが、似たようなことはその後も何度かありました。自我が薄れても、この肉体を動かす心がたしかに存在するのです。

このように私も体験を通して、「意識の統制が及ぶ自我」と「意識が及ばない無意識」の部分があることを知っていました。ですので私は、心のなかには、「意識できる自我」と「自我の外にある無意識」の部分があることが非常によく理解できました。

さて、ユングは「自我」に加えて、「無意識」の部分も含めて「私の心」であるとしました。意識（自我）と無意識を合わせたものが自己（self）です。

ユングの考え方を日本に導入したのは河合隼雄（1928～2008）です。彼はユングの考え方をそのまま導入しただけではなく、日本の昔話や神話を通して、日本人の心のありようと西洋人の心のありようの違いについて考察を深め、東洋と西洋の人の心の構造について解き明かしていきました。

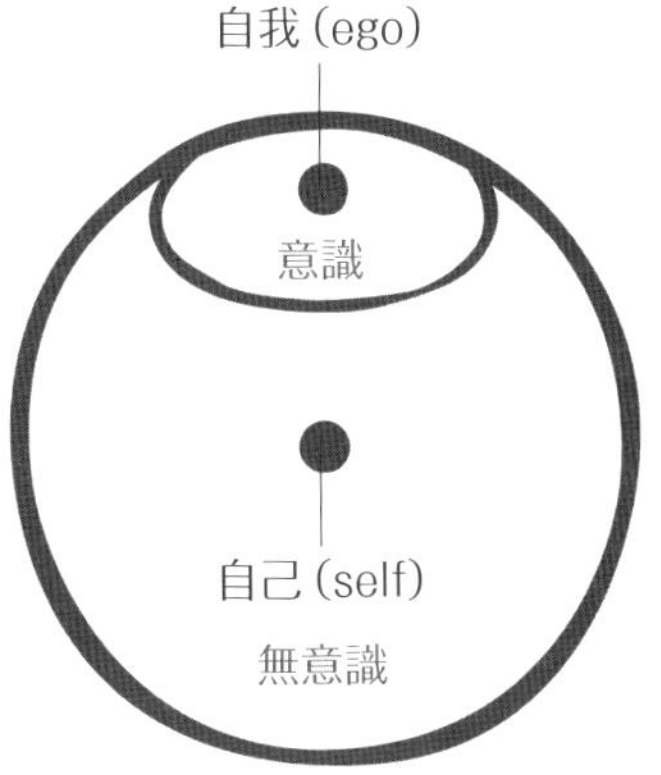

ユングの「心の構造図」

この話が分かりやすくなるように、まず少し別の話をします。

最近では西洋の方も俳句を作られるようになりましたが、初めて俳句を西洋に伝えた方は、文章に「私（I）」がないことを理解してもらうのにだいぶ苦労したそうです。「菜の花や月は東に日は西に」（与謝蕪村）、「梅一輪一輪ほどの暖かさ」（服部嵐雪）。これらの有名な俳句には「私」が登場しません。もちろんそれらの風景や花を見ているのは私なのですが、西洋の方にはそれが理解できず、必ず俳句に「私（I）」を入れてしまうのだそうです。このあたりも、西洋人と東洋人の感覚の違いが表れていそうです。しかし、逆に考えると最近、俳句を西洋人がつくれるようになったということは、西洋人と東洋人の心の有り様の違いが、絶対的、器質的なものではなく、自力で調節することのできる違いだということもできます。

ここで、河合隼雄の息子で臨床心理学者の河合俊雄が、解説している文章を引用します。


心理療法を行う上でも大きな問題となるのが、両者の「意識の構造」の違いです。

ユングは、西洋の意識が外交的なのに対し、東洋の意識は内向的で、外界よりも〝心の中の現実〟に強い関心を向けていると指摘しています。また、西洋人が「心（mind）」という場合には「意識」を考えるのに対し、東洋人は「無意識」をさしているのではないかともいっています。

ユングは、意識の中心である「自我（ego）」に対し、無意識を含めた全体としての心の中心を「自己（self）」と呼んで区別していました。つまり、西洋では自我に、東洋では自己に心の中心点があるのではないかと考えていたのです。

（「１００分ｄｅ名著　河合隼雄スペシャル」）


河合隼雄はこの意識の中心の置き方に注目して、東洋と西洋の心の違いを説明していきます。

西洋人は自我を中心として、それ自身ひとつのまとまった意識構造をもっている。これに対して、東洋人のほうは、それだけではまとまりを持っていないようでありながら、実はそれは無意識内にある中心

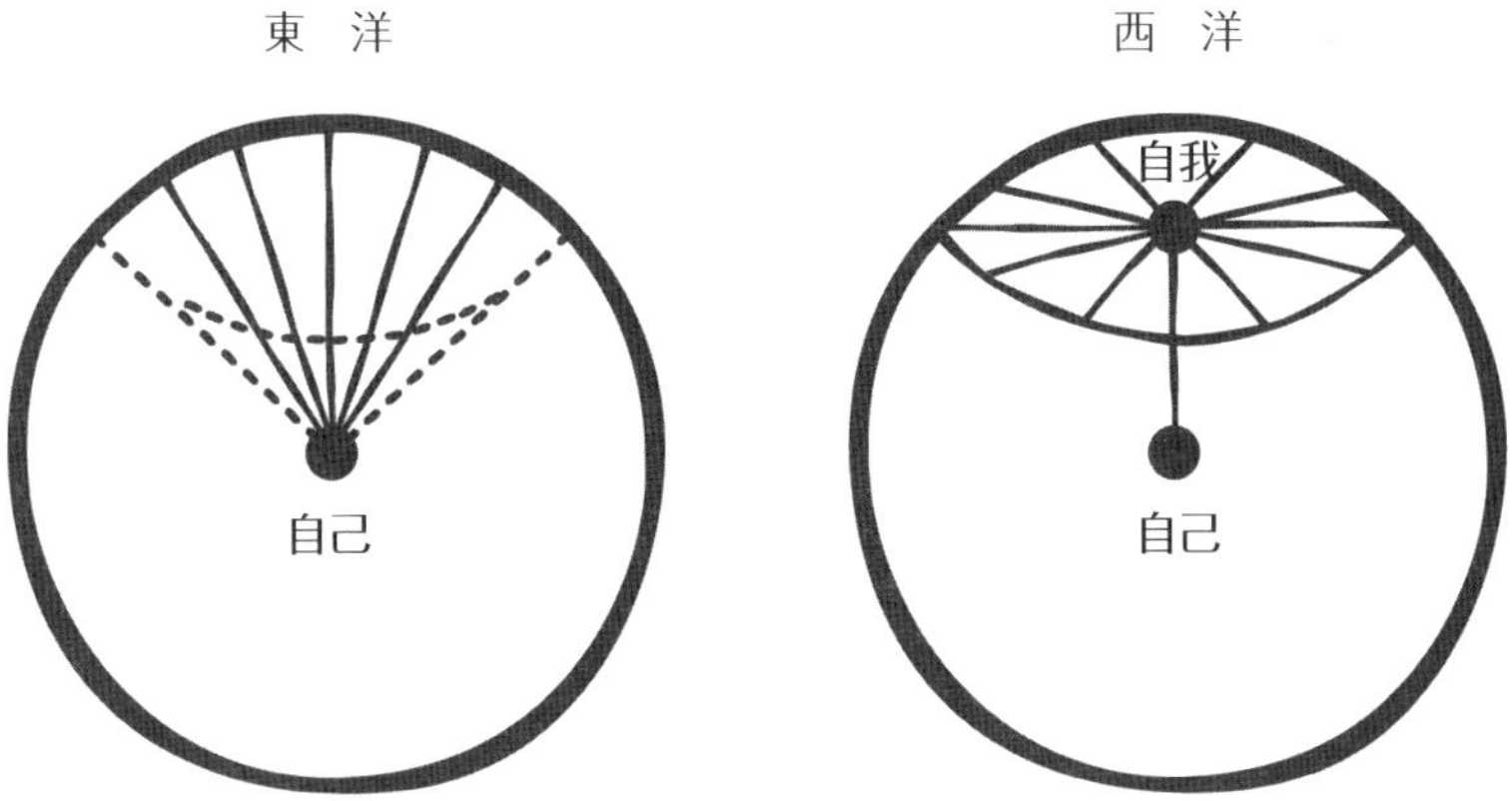

東洋人と西洋人の意識構造（河合隼雄『無意識の構造』中公新書）

（すなわち自己）へ志向した意識構造を持っていると考えられる。ここで、自己の存在を念頭におかないときは、東洋人の意識構造の中心のなさのみが問題となり、日本人の考えることは不可解であるとされたり、主体のなさや、無責任性が非難されたりする。

（河合隼雄『無意識の構造』中公新書）

河合隼雄は心の図に中心点をおき、説明を進めていきます。上の図にあるように、まず西洋人は心の中心が自我の中心にあって周囲に無意識があるようなイメージです。少しずつ自我を拡張しながらコントロールできない無意識の部分を克服してコントロールしていこうとします。

それに対して、東洋人の心の中心は自我のなかにはないと彼は説明します。意識と無意識を合わせた自己の中心にあるのではないかというのです。私は日本人であるせいか、この説明が感覚的に分かります。確かに瞑想をしたりして、心を無にしようとしていくと、心の中心が私の自我を離れていく感じがします。その感覚を河合隼雄の図にあてはめてみると、瞑想は心の中心点を無意識の世界の深く、深くに移動させていく作業だと気づかされます。表面から中心点までの距離が長くなればなるほど、円の半径は長くなります。すなわち、中心点が深い場所になればなるほど、心の円は大きくなるのです。円をそのまま心だとすれば、中心点を移動させることで心が広く大きな範囲をカバーしていくわけです。

ユングは無意識にもさらに深い無意識があって、浅い部分を「個人的無意識」、深い部分を「普遍的無意識」と呼んでいます。

私は考えました。心の中心を「個人的無意識」のもっと深く、つまり「普遍的無意識」まで移動させるとどうなるのだろうということです。そうすれば、個人という枠組みを超えてしまうのではないかと思ったのです。

河合隼雄は興味深い症例を紹介しています。

Ａ夫人は自分の一人息子を大切に育ててきた。一生懸命になったおかげで、息子は一流大学を出、一流会社へも就職した。息子はおとなしく評判の親孝行者で、母親のいうことにはよく従った。結婚というときになって、またまたＡ夫人の大活躍が始まった。彼女は、「お母さんの気にいる人なら誰でもいい」と言ってくれる息子のために、まさに三国一の花嫁を求めて苦労する。

努力の甲斐あって、彼女から見て申し分のない嫁が探し出された。しかし、喜びも束の間で、嫁と姑の壮烈な戦いが開始され、彼女にとって決定的な打撃を受けた事件が起こった。すなわち、孝行息子が母親のほうではなく嫁のほうの味方になって、母親に向かってきたのである。その日以来彼女は強い抑うつ症になって寝込んでしまった。やっとの思いで相談に来た彼女は、散々にわが身の不幸を嘆き、親不孝な息子と、身のほどを知らぬ若い嫁の悪口を述べたてた。

それにしても、嫁を選んだのが、息子のほうではなく母親であった点が興味深い。彼女の言によると、彼女が慎重に考えた選択基準はすべて裏目に出たのであった。まず両家の家風や考えかたの差が嘆かれたが、それにしても、あまり似たもの同士が一緒になるのではなく、異質なものが結合する結婚のほうが、よい子ができると聞いて決定したことである。嫁の外見のおとなしさにだまされたが、実はしんが強くて、凄まじい勢いで自分にたち向かってくる、などなどと、A夫人が述べたてるのを聞きながら、治療者の心に浮かんでくることは、なんと母子分離を遂行するのにふさわしい嫁をこの人は選んできたのか、ということである。まったく、うまくできている。

（中略）

このようなとき、われわれは、ここに直線的な原因と結果の鎖を探し出そうとせずに、全体としてうまくアレンジされていることを見ようとする。言うなれば、A夫人の知ることのない彼女自身の自己がこれをアレンジしたのではないかと考えてみる。そうすると不思議なことに、この結婚は、A夫人の息子にとって、その嫁にとって、そしてそれに関連する誰かれにとってさえ、自己実現のキーポイントとして存在していることが見えてくるのである。自己というものは、思いのほかに共有されているのかもしれない。

（前掲『無意識の構造』）

またその前の項では、このような表現もしています。

われわれ心理療法家のところにたずねてくる人は、なんらかの悩みや問題をもっている人である。そのとき、わが身の不幸を嘆く人も多い。実際に話をお聞きすると、どうしてそんなことが起こったのだろうと思うほど、運の悪いときに運の悪いことが生じているのである。そして、多くの場合、本人の責任はあまり問えないのである。

結婚式の直前に愛人が交通事故で死んだ人もある。二度あることは三度あるというが、思いがけない事故が二度三度重なって、折角のチャンスを失ってしまった人もある。これらの話を聞いて、われわれはその人の悲しみや苦しみに共感しつつも、一方では、そこになにか漠然としたひとつのパターンのようなものが存在していると感じることがある。それはまるで誰かがアレンジしたのではないかと思うほど、うまくできている——というと苦しんでいる人には申し訳ないのだが——のである。

（前掲『無意識の構造』）

彼が最後に「自己というものは、思いのほかに共有されているのかもしれない」と表現していますが、この症例はA夫人を突き動かしていたのが、自我ではなく本人も気づいていない個人的無意識であるということを示しており、さらに彼はこの症例を通して、複数の人間の無意識がつながって働いていることも感じています。

心の中心を深く沈めていけば、心の領域、つまり自己の領域の円は中心が沈んで円の半径が延びた分だけ大きくなります。そして、心の中心は「個人的無意識」の領域よりももっと深く沈んでいく可能性があります。この領域が複数の人間で共有されているという考えはどうでしょうか？　非常に魅力的な考えではありませんか？

「普遍的無意識」はその名の通り、個人の枠におさまらない無意識が複数の人間に共有されていると思われます。その無意識層がたくさんの人の想いを紡ぎ合わせ、何かの意思を持つ可能性があります。例えばへーゲルの時代に「自由」を求めて時代が動いたようにです。ナポレオンはその動きの中心にいましたが、彼を含めてその時代の全ての人の無意識に普遍的無意識が働きかけ、「世界精神」として「自由」を求めて働いたと考えれば理屈に合うのです。

そう考えると私にも思い当たるフシがあります。子供の時から人にプレゼントをあげると非常に喜ばれるので、プレゼントを考えるのが自分の得意技だと思っていました。誰かに何をあげようかと、じーっと考えるとフッと贈る物の画像がイメージできたのです。その時はプレゼントをあげる相手のことを深く深く考えていくのですが、そのようにして深く考えることができた時は、必ずと言っていいほどその人のちょうど欲しいものを買っているのです。

例えば新しいバッグに買い替えようと思っている人にバッグを贈ったり、足の爪が切りにくいなと思っている人に足用の爪切りを贈ったりという具合です。不思議とその人のことを考えていくと、買うべきものが心に浮かんでくるのです。偶然だと思っていましたが、無意識の世界が他の人ともつながっていると考えれば合点がいきます。プレゼントをもらう側の人もそこまではっきりと意識してはいなかったでしょうが、無意識のなかで欲しいと思っていたのかもしれません。

考えすぎて失敗した経験がどなたもおありでしょう？　しょっちゅう失敗するという方もおられるかもしれません。私の妻はレストランでメニュー表を渡すとじーっと考え込んでしまい、やっと何かを選んだと思ったら、ちょっと待ってと別のものに注文を替えたりします。そして結局、失敗したと言って後悔することがほとんどです。一方、私はメニューの写真を見たら、決断は一瞬です。ついでに時間のかかる妻の分も決めてあげます。そのようにして、ほとんど失敗したことがありません。私はあまり頭で考えすぎないように気をつけて生活してきましたが、それはまさに言語連想実験と同じことを知らずにしていたのでした。今になって、私にはこの習慣が無意識と対話する行為であったことがよくわかります。無意識が私に必要な選択を教えてくれることに偶然気づいていたのです。ありがたいことです。

逆に目先の利益を考えて、もうけようと思って行う判断の結果にろくなものはありません。私に本当に必要なことは、私（自我）にはわからないものなのです。知識や経験は仕事で成果をあげるために、とても重要です。しかし、理詰めの判断で、どう考えても問題のない判断でも、結果として間違うことはいくらでもあります。理性だけで答えを出そうとする人は、意識できている自我のなかだけで考えるので、自分のなかの無意識、そして関わる人々のなかの無意識が対話し相互作用していることが見えていないのです。

心の中心点を常に深いところに置いておければいいのですが、簡単にそうすることはできません。そのようにするために、先人たちは修行を重ねたのだと思います。自分を無にするとか、超越するという言葉を聞きますが、それは心の中心点を、自我を突き抜けた無意識の深い場所に持っていくことだったのです。

ユングがフロイトと決別し、自分独自の道を行こうと決意した時に多くの心理的な葛藤を経験します。多くの患者たちに、理論的な前提を一切排除して虚心に接していこうとすることで、彼自身の深い部分を探究する作業をすることになりました。

１９１２年ころより、彼は自分の無意識の世界との対決をはじめる――というよりは、彼の無意識のほうが対決を迫ってきたというべきであろう。凄まじい夢とヴィジョンに彼は悩まされる。この間のことは彼自らの『自伝』に譲るとして、むしろ、その過程のまとめとして生じてきたマンダラのほうに、ここでは注目することにしよう。ともかく、後年にユング自身の言った言葉として、自分がもしこれだけの創造的活動をなさなかったら、統合失調症になっていただろう、というのが伝えられているが、それから考えても、この時の内的体験がどれほど凄まじかったかが解るであろう。

（中略）

自分の内的体験を図示するようなつもりで、ひとつの図形を描いた。それが実のところ、彼の最初に描いたマンダラであった。

（中略）

ところで、マンダラとはいったいなになのであろうか。ユング自身も前記のような図を描きつづけていたとき、マンダラという言葉も知らなかったのである。

（前掲『無意識の構造』）

ユングは自分の内面との葛藤を通じて自分の無意識から湧いてくるイメージを何度も描きながら、偶然マンダラという図形に行き当たるのです。そしてその後チベット仏教のマンダラを見て愕然とするのでした。

インドで生まれた真言密教は不空が唐の時代の中国に持ち込み、その孫弟子にあたる空海によって日本に持ち込まれるのですが、別ルートでインドからチベットにも伝わり、チベット仏教の元にもなりました。ですからチベット仏教のマンダラと真言密教の曼荼羅は基本的に同じものです。

密教の教えの一部である「空」の思想が転じて「ゼロ」という概念になったことは有名ですが、心の深い世界を探った密教が生んだ曼荼羅というイメージと、その存在を知らずに臨床心理学を創始し、人の心を探究した西洋人のユングが同じイメージにたどりついた事実は、このマンダラという形象が無意識の世界にとって非常に重要なものであることを示しています。

真言密教では「金剛界曼荼羅」と「胎蔵界曼荼羅」を目の前に置いて祈禱を行います。その図形を凝視し、瞑想していくとエネルギーの流れのようなものを感じるのですが、このマンダラという図形は、修行を通してさえ簡単に通じることができない無意識の世界に我々が通じるための、装置のようなものなのかもしれません。

量子力学の項を思い出していただくと、「観測する」という言葉を「意識する」という言葉に変換することで、コヒーレントな状態とデコヒーレントな状態の転換のカギが、心の無意識の領域と関係しているということを導くことができます。まさにここで物理の世界と見えない心の世界がつながるのです。

今まで「私」という存在は、私の心のなかにある「私に固有のもの」だと考えてこられた方がほとんどだと思います。しかし意識できる個々人の自我（ego）は表層的なものであって、意識されていない心、つまり無意識の心の領域が存在し、それらは個人個人の領域を超えて存在することが示されています。

ここでも「私」という存在は、個人という枠におさまらない存在であることがあきらかになりました。人間の心は深い部分でひとまとまりになっており、その表層が分かれているだけなのです。人間という存在はひとりひとり別々に存在するのではなく、すべての人がひとまとまりの生物であると考えた方が理に適うのです。

そして量子力学的には無意識の領域はコヒーレントな状態、つまり波動の共鳴状態ですから、時空に制限されることなく宇宙全体の振動と影響し合っていてもおかしくありません。つまり人間という生物は、地球上にひとまとまりの存在としてあるだけでなく、心を通して宇宙全体に通じている存在でもあるのです。

即身成仏

都会にいると、風の音や虫の音など自然の音をあまり聞かなくなりました。

私にとって、懐かしい自然の音と言えば蛙の鳴き声ですが、皆さんはいかがでしょう？　あまりにも忙しく生きていると、そのようなことをほとんど考えなくなってしまいますね。私も、いつのまにか何も考えずじーっと自然の音を受け入れる時間を持たなくなっていました。

そのせいでしょうか、自然世界に対する感覚が鈍くなり、深くものごとを考える時間も少なくなったように感じます。最近の生活を振り返ってみると、浅い感覚で生活するようになり、空しい時間だけが過ぎていくようです。浅い感覚で生活していくと、肉体の欲求を満たすことに終始します。しかし、いくらおいしいものを食べようと、ひたすら旅行しようと、どこか満たされず焦りのような感覚すら感じるようになります。なんだか満足できなくなるのです。

古来、山のなかなどで修行される方々は数多くおられたのですが、そのような修行においては自然の音、匂い、風景がありのままに感じられたことでしょう。透き通った心でふと空を眺めると味わい深い月が見える。それはストロベリームーンなどといった特別な月ではないかもしれませんが、その凛とした姿から何か深い感覚を得ることもあったのではないかと思います。

司馬遼太郎は著書『空海の風景』（中央公論社）において「咒《しゅ》」（密教で用いる呪文のようなもの）という

ものについて、つぎように考察していました。

クジャクの鳴き声は「ねお」と表現されるような独特の響きを持っていて、インドの山林でその声を聞くと、深い戦慄すら覚える声である。クジャクはその美しい姿を持っていながら毒蛇や毒虫を捕食し消化してしまうので、古代インドでは特別な解毒の力を持つ聖獣と見なされ、その鳴き声を真似ることで、その特別な力を自分のものにしようとしたのではないか。そこからひとつの「咒」が生まれた。同じように、自然のなかでの体験を通して多くの「咒」が生まれたのではないか。そして「咒」とは自然が発する「自然の言葉」、言いかえれば「宇宙の言葉」であるというのです。

古代インドには(現代のインドもそうかもしれませんが)、現実世界の出来事を形而上学的に理解し消化しようとする文化土壌があり、そのようななかから密教が生まれてきました。咒は密教の秘儀の一部です。

私はつい最近まで仏教について深く学んだことがなく、失礼なことではありますが浄土真宗も真言宗もほぼ同じものと思っていました。ですから真言密教に関する本を買ってはいても、少し読んでは飽きてしまい、ただただ積読していました。前記の『空海の風景』もなぜ購入したかは覚えていませんが、数年の間枕元に置いていました。もともと小説を読むこと自体が少ないのです。

ふとした気紛れでやっと読み始めたのですが、いろんな出来事がやっとつながり始めました。このようなことを「時が来た」というのでしょう。せっかく準備されていたことが、生かされないままになっていました。今までも密教に関する多くの知己を得、両親の墓を高野山に造るということまでしていながら、それでもまったく興味が湧かなかったのです。

さて、私の不勉強なことなどどうでもいいことですが、私は仏教について勝手な考え違いをしていました。お釈迦様の入寂の絵を見る機会が何度もあったせいか、仏教は、死ぬことによって涅槃に入り、仏になることを目的としているると思っていたのです。つまり、生きている間は地獄のようなこの世界で自らの業を背負いながら、迷いながら生き、死んで初めて肉体から自由になる。そして悟りの境地に至るという勝手な思い込みです。私は今まで両親や親戚の供養をしてきましたが、亡くなった後にお坊さんに戒名をいただき、周忌ごとにお経をあげていただくことで魂の罪穢れが清められる、どんな人生を歩んだとしても最終的にはあの世で仏様になるのだというふうに理解し、勝手に安心していました。なんともいいかげんな考え方です。

まだ密教のことを調べ始めたばかりなので馬鹿なことをいうのを赦していただきたいのですが、密教、そもそも仏教は本来、肉体を持って生きている今、悟りを開き成仏することが目的だったのです。正直驚きました。

最近テレビでお坊さんの修行風景の映像をみると、テレビ映えするのか欧米の方が一心不乱に読経し修行に励む姿がよく映ります。少し前までの日本人の感覚では少し奇異な印象を受ける光景ですが、真言密教の創始者である空海が入唐しその首都長安で密教を学んだ頃は、彫りの深いアーリア系の顔貌《がんぼう》の僧侶は普通の光景だったようです。この頃のことを前出『空海の風景』では資料をもとに詳しく描写しています。

もともと空海に密教を授けた恵果《えか》の師匠の不空《ふくう》はインド人でした。8世紀の長安は世界最大の国際都市で、唐王朝が寛容な宗教政策をとっていたこともあって、長安には儒教や道教などの中国固有の宗教ばかりでなく、ゾロアスター教、ネストリウス派キリスト教も普通に教会を持ち、活動していました。多くの胡人《こじん》（ペルシアなど西域の人）が街中を行き交い、交易がさかんに行われていました。ですから、長安にはイラン語、サンスクリット語で書かれた経典が多数持ち込まれ、それらが盛んに漢語に翻訳されていました。空海はそのような長安の空気のなかで真言密教を学んでいきます。

空海はなぜか分かりませんが、漢語もサンスクリット語も完璧で、漢詩や書の実力は当時の唐王朝の多くの文化人を驚かせました。ですから、たった2年しか長安にいなかったにも関わらず、長安の王朝や仏教社会に受け入れられ、密教のすべてを譲り受け、そして日本に持ち帰るのです。信じがたいことですが、空海はインドで別々に発達した「金剛頂経系」の密教と「大日経系」の密教を偶然両方とも受け継いだ恵果と、しかも彼が亡くなる数か月前に出会いました。そして恵果が空海に会ったとたん数千人の弟子を差し置いて、会ったばかりの空海に正当な後継者の座を譲るという奇跡的な出来事を経て、密教のすべてを受け継ぐのです。密教は中国では廃れていきますが、空海を通して日本で結実しました。

『空海の風景』の膨大な内容をたったこれだけの文章に要約してしまいました。くわしく知りたい方はぜひ原書をお読みください。さて、しかしここで大きなポイントは、空海が精神の原理を説く「金剛頂経系（金剛界）」と「大日経系（胎蔵界）」の密教を同時に受け継ぎ、彼のなかで「両部不二」としてひとつの思想体系にまとめ上げたことです。この事実は、空海が確立した密教は、密教発祥の地のインドにすら存在しない内容であることを示しています。そして彼は、存命中にそれらの思想をひとつにまとめ上げ後世に伝えることに成功したのです。真言密教が伝える内容には非常に強く興味を惹かれます。

ここで真言密教の内容をご紹介するために、少々長くなりますが、専門家の言葉をお借りいたしましょう。部分的に抜粋して引用します。

密教では宇宙は六つの要素が混じり合い、お互いに影響し合って宇宙として統一されていると見ます。あらゆるものが融合し、お互いが補完しあって一つの宇宙を形成し、その宇宙の全ての根源にある原理そのものが大日如来であると。

五大は正に胎蔵界曼荼羅で説く大日如来の「理法」のことで、五大の性質は見ようとしないと何も見えない。識大をもって見ることができる。識大とは「自分が此処にいるのは何故？」と意識して見つめようとする意識のこと。この見ようとする意識（心）を促しているのが、金剛界曼荼羅であり、大日如来の智慧そのものを現わしていると説きます。

密教ではその無我の境地にいたることを、「即身成仏」と説きます。

「行々として円寂に至り、去々として原初に至る」という弘法大師空海（以下「大師」）の有名な言葉がありますが、平たく申しますと、何事においても究極のところは分からないものですよ。……しかし、大師は一方で昔から考えられてきた「全ての存在に働いている何かの力」のようなものがあると、「それを明確に知らなければならないのです」と訴えていらっしゃいます。

大自然の働きもそうですが、宗教も科学も真剣にそれらのことを考えてきたのです。そのようなものが、「甚深秘蔵《じんじんひぞう》」（はなはだしく深く蔵されている秘密）であり、それを名付けて「大日如来」と呼び、そして隠された（秘密であり）覚りを開く教えを略して「密教」と申します。

「大日如来」の事は、大自然を見れば、すべては公開（明らかになっている）されているのだが、曇った人の目がそれを隠している、と大師は指摘しています。

「法身」の「法」は「ダルマ」といい、宇宙の法則であり仏の教え（真理の言葉）のことです。その根源にあるのが、「法身仏」で、太陽の如く万物を照らし、生育するエネルギーの根本でもある仏を毘盧遮《びるしゃ》那《な》如来《にょらい》または、大日如来といい、その大日如来は私達の心身の内に働きかけていると説きます。

本地とは、本来の境地やあり方のことで、究極の本地は、宇宙の根本である「法身」であるとし、これを本地法身《ほんじほっしん》というのです。法身は真理である身体の意で、真理体であって、覚りを開いた人（個）はそれぞれに個性を持ち合わせてしているので個性真理体と申します。（略）つまり、私が厳しい修行を成して悟りを開くと、大日如来と私が同じ境地に入り、一体となるというのです。では、そのような事が何故、可能なのでしょうか？　それは、胎蔵界曼荼羅に示された天地創造の大日如来の姿は身口意《しんくい》の三密が備わっていると指します。つまり、身体も口（言葉）も、意（心）も我々と同様に備わっているというのです。

真言密教の加行（けぎょう、僧侶に成る為の修業の一種）で「入我我入観」というのがありますが、これは、「仏が私の中に入り、私が仏の中に入る！」というそのような境地をいいます。大日如来も私も心が備わっているので、その心と心がスパークして心情が通じ一つとなれる、つまり、私も三密の修業を行い、その行が成満することで、神性を帯びるというそのような事が可能になるというのです。

ただ、同じ三密でも凡夫は身（身体的な行動）において、口（言葉を発すること）において、意（心に思う働き）の三つにおいて、必ず善悪、苦楽の結果（果報）をもたらし、業（罪悪）があるので三業と表現します。その業（悪因縁）が子々孫々に至るまで、生まれ変わり、死に変わりしても業から解脱することはできないので、密教は仏になる修行である「三密の修業」を教えているのです。

（「高野山白道」２０１６年秋季号、真言宗女人高野）

修行を通して、宇宙の根源である大日如来と一体となることが即身成仏の道、つまり密教の目的であると語られています。印を結び、咒を唱え宇宙の根本と波長を合わせていくのでしょうか。

私は何度も高野山に行っていますが、その際に多くの法具も見せていただきました。インドに起こり、多くの時をかけて日本で花開いた真言密教の深い世界に触れさせていただいた気がしました。

真言密教の仏事のなかでとりわけ印象に残ったのが、楽器のシンバルのような法具でした。本当に大きな音がします。音は空気に振動を起こして、その波長が周囲に伝わる現象です。音ではありませんが、物質の元である原子や電子も振動しています。森羅万象、この宇宙において、この振動、波というものは何か根本的な現象のようです。

人間にとって身近な振動は、音であり、声であり、音楽ですが、元来人間の生活と音楽は切っても切れないものです。コヒーレントという言葉が物理学の用語として「共鳴」を意味していたことを思い出してみてください。それは、宇宙の成り立ちからして当然のことなのかもしれません。

私は、いろんな宗教において「宇宙の根本と波長を合わせる」という観点から見ると、共通の儀式が行われていると感じています。そこで、「共鳴」という現象について説明しましょう。

波長を合わせるとはどういうことでしょうか？　まず高校物理の教科書の文章を紹介します。

つまり波動とは、物質自身の移動を伴わずに、その振動だけを遠くへ伝えていく現象なのである。波といえば水面の波をまず思い浮かべる。しかし実は音も光も電波も振動である。ありがたくない地震も、地震波という波が伝わる現象だ。私たちの世界は波動に満ちている。

（山本明利・左巻健男共著『新しい高校物理の教科書』講談社）

波の性質を決定する要素には、波長、振動数、振幅などがありますが、この後ご紹介する「共鳴現象」を知るためには、そのなかでも「固有振動数」について知る必要があります。細かい説明は省きますが、弦楽器の弦を弾くと常に同じ高さの音が出るのは、弦の長さによって弦の固有振動数が決まっているからです。

さて波動の性質のひとつに、「共振」という現象があります。横に張った棒やひもにいくつかの長さの違う糸を結びつけ糸の先に錘《おもり》をつけます。吊るした錘のうち、ある錘を選んで揺らしても、他の糸にぶら下がっている錘はピクリとも動きません。しかし、揺らした錘と同じ長さの糸にぶら下がった錘だけは同じように揺れ始めます。この現象を共振と言います。これはぶら下げている糸の長さで固有振動数が決定されるからです。固有振動数が同じ、つまり吊り下げている糸の長さが同じ錘は共振現象を起こすのです。

さて、音に関して起こる共振作用を「共鳴」といいます。

同じ固有振動数を持つ箱型音叉《おんさ》を並べて置き、土台になっている箱の空洞をお互いに向き合うようにしておきます。共鳴とは、片方の音叉を鳴らすと反対側の音叉も鳴り出す現象として知られています。これは、

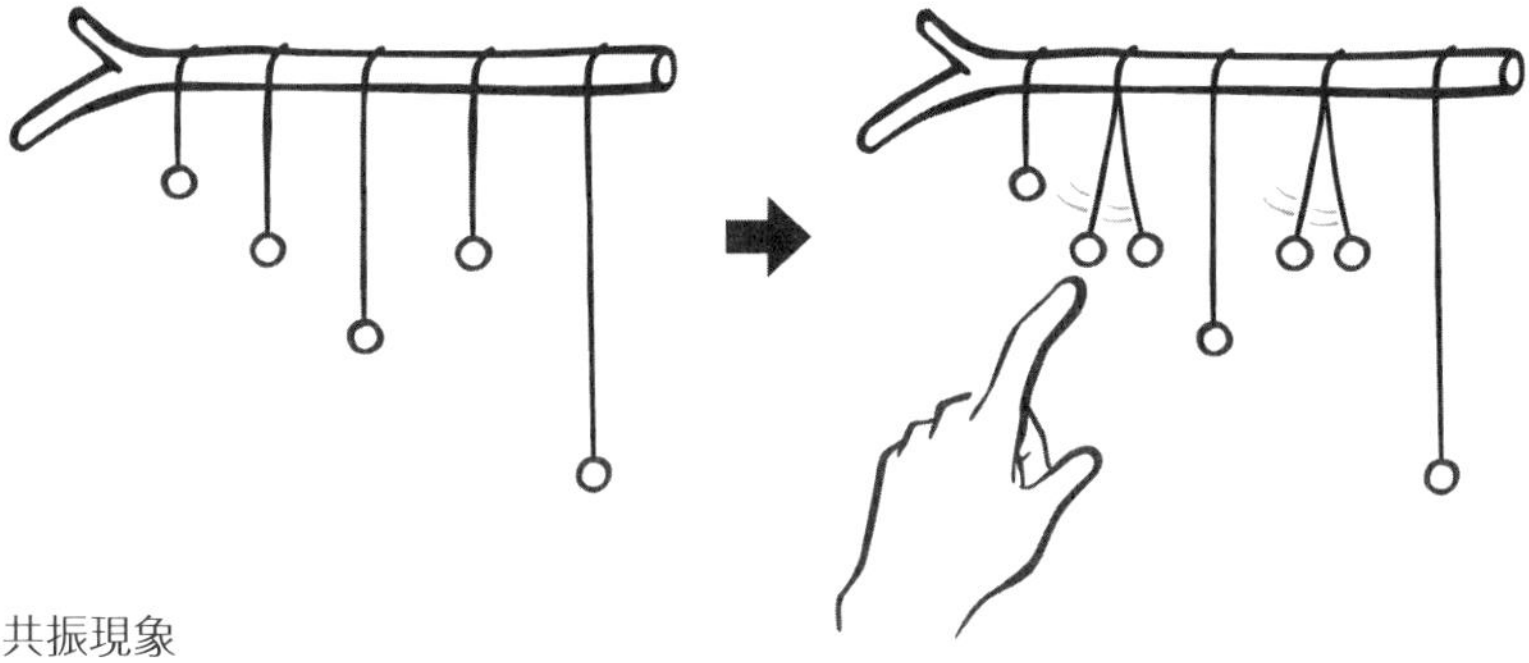
共振現象

鳴らした方の音叉から箱のなかの空気に振動が伝わり、その振動が向き合った音叉の土台のなかの空気に伝わって、その空気の振動が音叉の土台の箱を振動させます。そして土台の箱の振動がその上についている音叉を振動させるのです。鳴らした方の音叉を手で握って振動を止めても、反対側の音叉は鳴り続けます。昔はこの現象は、手品のように見えたのではないでしょうか。

共振が起こるためには、固有振動数が同じもしくは整数倍である必要があります。この項では文章を理解しやすくするために「同じ」と表現させてください。

波長を合わせるということが共振（共鳴）現象を意味すると考えると、宇宙の根本と波長を合わせるというのは、つまり私の固有振動数を宇宙の中心の固有振動数と同じにするということだと思います。

そのように考えると、仏教のお経は私たちには理解できない梵語で唱えるのですが、聞きようによっては、それは一種の音楽です。イスラム教のコーラン詠唱も初めて聞く人には一種の音楽に聞こえます。キリスト教の聖歌はまさしく音楽です。音の三要素とは、音の高さ、音色、強さですが、先ほどの物理用語を用いると、振動数や振幅などで表現できます。さらに宗教で用いる音楽の歌詞には深い意味が込められています。それらは、先人が見つけた貴重な宇宙の言葉のようです。それを意味がはっきり分かっても分かっていなくても、私たちの喉、つまり身体を使って発するのですが、そういう行為を毎日、毎週、繰り返していくのです。それらの行為は、なかなか宇宙の中心と振動数が一致しない私たちの心と身体を少しずつ変えていく、つまり振動数をチューニングしていく行為のように思うのです。

そういう観点で見れば、瞑想は、こちら側の振動を抑えてじっと宇宙の振動を感じ取る行為に見えますし、祈りは直接的に宇宙と対話するのですが、こちらの振動を宇宙の中心に送りつつ、宇宙の振動に合っているのか確認しながらチューニングしているかのようです。踊りはからだ全体を使う祈りです。

私の波長が宇宙の波長と合うとどうなるでしょうか?

共振しますから、そのエネルギーは倍加します。祈りの最中に「ハレルヤ!」と叫んだり、感情があふれて号泣するなどの現象は、そのような共振状態に入った結果、起こるのだと思います。人間のからだを振動させると心にも影響が及ぶのでしょう。もしかしたら、心も振動しているのかもしれません。

私たち人間は歴史を通じ、自然万物を通して「宇宙の振動と共鳴したい」と願い続け、努力を重ねてきたのではないかと思えるのです。

過去、現在、未来

これまで、宇宙の誕生から人類の誕生、そして現在の世界について言葉を重ねてきました。

100年程度の寿命しかない私たちにとって、この数千年、数万年という時間感覚は、日常生活にはあまり必要のないものです。しかし、この「時間」について考察することは、この気の遠くなるような長い時間感覚を身近に感じていただくための助けになります。

最後に、当たり前の存在すぎて普段考えることのない「時間」というものについて考えたいと思います。そして、どのような感覚を持てば「現在」、ひいてはこの「3次元の肉体」に縛られずに生きられるのか、結論をだしてみましょう。

「絶対時間」という幻想

腕時計や電波時計など現代の時計が使われる以前、人間は太陽の動きを読む日時計や、砂の落ちる砂時計を用いて時間を計っていました。古来、人間にとっての時間とは、太陽や砂の姿が変化していく様子を表現するものでした。ゼンマイ仕掛けの時計さえなかった時代は一定のリズムを計る方法がなく、時間に関する考え方も現代とはだいぶ異なっていたようです。

現在私たちが当然のように感じている時間の感覚は、遠い昔から人類が持っていたものと思い込んでしまいがちですが、実はニュートンによって考えられた意外に新しいものです。時間に関する感覚というのは、時代によって変化してきたものなのです。

ニュートンは時間について、彼の時代以前の常識とは違う考え方で、次のように表現しました。

絶対的な時間と相対的な時間、真の時間と見かけの時間、数学的な時間と日常的な時間を区別したほうが具合がよい。

（中野猿人訳『プリンシピア』講談社）

つまり、日常生活で私たちは時間を長く感じたり短く感じたりしていますが、その感覚とは別に、自然界には数学的に絶対的な時間の流れがあるのだというのです。

これまで何度も引き合いに出してきたニュートンですが、ニュートン物理学を習ってきた人間は、ニュートンの考え方が頭にしっかり刷り込まれており、ここから抜け出すのはなかなかに困難です。ですから、電波時計が自動的に時間を合わせてくれるのを見ると、電波時計を介して「絶対時間」をみていると思い込んでしまっています。そして世界中の人が同じ「絶対時間」の流れの中で生活していると、心のどこかで思っています。

ところがです、相対性理論を勉強した方はご存知のことですが、時間の流れは重力の影響を受けることがわかりました。100年も前のことです。

重力とは質量のあるもの同士が引き合う万有引力のことで、特に巨大質量を持つ地球と私たち地上にある物質が引き合う力のことです。万有引力は引き合うもの同士の距離が近くなるほど強くなり、逆に遠くなるほど弱くなることが分かっています。ですから、たとえ机の上にあるコップと、机の下にあるゴミ箱くらいの近さでも、わずかではありますが地球からの距離が違うわけですから、当然受けている重力の強さが違うことになります。

もうお分かりですよね。そうです、机の上にあるコップと机の下にあるゴミ箱とでは、時間の流れ方が微妙に違うのです。

これらの事実はすでに実験によって確かめられています。正確な時計で測定すると、机の上と下くらいの距離であっても、時間の流れ方が変わってしまうのです。

私たちはビルの高い階に移動したり、飛行機に乗ったり、山に登ったり下りたり、地表からの距離を変化させながら生活しています。つまり、重力を変化させながら生活しているので、重力が変わる度に私たちのからだを流れる時間が変化し、微妙な差ですが私たちの時間は伸び縮みしながら流れているのです。しかも、生活はひとそれぞれ、家族であっても違っているので、個体が変われば、時間の流れが違います。私と同じ空間に居続ける人など誰もいませんので、私とまったく同じ時間の流れのなかに生きている他人は存在しません。

私たち全員に一定の時間が流れているという感覚は幻想だったのです。

このような現象は、重力の影響で空間がゆがむことによって生じます。

このようにニュートン物理学の代名詞ともいえる「絶対時間」の存在を基本にして物事を観察し思考すると、間違いがおきる可能性があることがわかります。

ここで大事なことは、時間に関して私たちには「思い込み」があるということです。

「現在」とは

まず「現在」という時間について考えてみます。

「８００万歳ベテルギウス　爆発間近？」という新聞記事の一部をご紹介します。

ベテルギウスはオリオンの右肩で輝く赤色超新星。おおいぬ座のシリウスと、こいぬ座のプロキオンとで「冬の大三角」を構成する。生まれてまだ８００万年ほどだが、46億歳の太陽よりはるかに大きいため寿命が短く、すでに晩年を迎えている。

もともと太陽の約6倍だった大きさは、ガスを不規則に吹き出しながらぶくぶく膨張して1千倍近くになったとされ、ヨーロッパ南天天文台（ＥＳＯ）の観測でも、丸い形を保てなくなっている姿が撮影された。そんな「いつ爆発してもおかしくない」星に異変が起きたのは２０１９年秋。数か月で明るさが3分の1になり、過去50年間で最も暗くなった。明るさはいったん戻ったが、昨夏にまた減光。もともと明るさが変わる変光星ではあるものの、あまりの変化に「いよいよか」と注目された。

ベテルギウスの内部はいま、どんな状態なのか。

星はまず、中心部で水素と水素がヘリウムに核融合することで光と熱を出す。ヘリウムが増えると、次はヘリウムが核融合してもっと重い元素ができる。そして炭素、さらに酸素という具合にどんどん重い元素ができていく。

ベテルギウスのような重い星の場合、星の中心部で鉄ができ始めると最終段階だ。鉄は巨大な重力で押しつぶされながら超高温になり、原子そのものが耐えられなくなって崩壊を始める。急激に縮む反動で超新星爆発を起こす。鉄が増え始めてから爆発まではほんの数日という。ベテルギウスの場合、ブラックホールにはならず、極めて重い小さな星が残るとみられる。
星は燃焼しながらぶくぶくと膨らむ。このため星の大きさが分かれば、内部で何が燃えているか分かり、超新星爆発までがどれくらいなのかめどが立つ。
IPMUの野本憲一・上級科学研究員（恒星進化論）らは、「星震学」と呼ばれるモデルで星の膨張と収縮のパターンを分析。その結果、ベテルギウスはまだヘリウムが核融合を起こしている段階で、爆発するまで少なくとも10万年はかかると結論づけた。最終的に太陽の約1千倍になるとされる大きさも、まだ約760倍で、膨らみきっているとは言えないことがわかった。

（「朝日新聞」2021年6月11日、石倉徹也）

よくニュースなどで、遠い宇宙の銀河系で起こった事件がレポートされることがあります。ブラックホールがどうなったとか、新しい天体が発見されたとか素人にはよく分からないニュースが多いですが、よく聞いていると何百万光年先で起きている現象だったりします。このようなニュースを読むといつも思うのですが、何百万光年離れた場所で起こった現象は、この宇宙の最高速度である光速で何百万年もかかってやっと地球に到達した情報なので、たとえ昨日地球で観測されて速報された出来事であっても、実際に起きてから何百万年も経過した後なんです。もし仮に私が、速報を知って事件が起きたその場所に一瞬でテレポートできたとしても、事件から何百万年経過後の姿しか見ることができません。すでに大事件は遠い昔に終わってしまっているからです。光速を超えるものが存在しないこの宇宙では、「現在」という時間を宇宙全体で共有することがそもそもできないのです。あまりにも宇宙が大きいので、遠い宇宙のニュースは同じ地球上の出来事、つまり外国で起きたニュースを聞くのとは、まったく違うものとして理解しなければなりません。

別の身近な例で考えてみましょう。光は1秒で地球を7周半できるとよく言いますが、地表から月の表面に到達するまで1・6秒かかります。地球上にいる私は、月表面で起きたことをどんなに早くても1・6秒後にしか見ることはできません。

これはつまりどういうことでしょうか？

「現在」というタイミングが、月と地球では1・6秒ずれているということです。時間がそれぞれの人のなかでバラバラに流れていることを説明してきましたが、同じように月と地球では1・6秒ずれた時間が流れているともいえます。

言い方をかえましょう。地球上にいる私たちはどうやっても1・6秒過去の月の出来事しか知ることができません。この事実は、人類が月よりも遠い火星や土星に行くようになった未来においては、問題になるかもしれませんね。地球の「現在」、月の「現在」、火星の「現在」、土星の「現在」は一枚のパネルの上に乗っていません。バラバラのパネルとして存在しているということなのです。

さらにもっと身近な世界にこの問題を持ち込んでみましょう。あなたの隣にいる人とあなたは普通に何の違和感もなく会話をしています。しかし、実際はどうでしょうか？　あなたは会話の相手の数ナノ秒前の姿を見、数ナノ秒前の声を聞いて、その声に答えています。あなたの「現在」と隣の人の「現在」はすでにずれているのです。あなたの隣にいる人とは時間の流れるスピードが違うばかりか、「現在」というタイミングすらずれていたのです（ナノは10のマイナス9乗の意味ですが、ここでは正確な計算値ではなくすごく小さいという意味で用いています）。

あなたと隣の人の間に少しでも距離があれば、空間があればともいえますが、同じ「現在」という瞬間を共有できないのです。

これまでの話は、現在までに分かっている科学的な事実を通して時間について考えた結果です。私と他の人がバラバラだということを示したいわけではありません。それよりも、なにげなく一様に流れていると思っていた時間が単純なものではなく、「現在」というタイミングすら、簡単につかめないことをお示ししたかったのです。私は自分の「現在」にいながら、隣の人の「過去」と話しています。不思議な感じですね。

簡単に考えていた「現在」というものは、実際は意外に複雑です。簡単に定義できないのです。ですから「過去」「現在」「未来」の順番に時間が一様に流れているという、私たちにとって当たり前の感覚は、実はただの思い込みかもしれないのです。

今度は「現在」というものについて、別の角度から考えてみます。

時間は「過去」から「未来」へと途切れることなく流れていると私たちは勝手に思っています。もしそうならば、「現在」はいつになるでしょうか?

5時23分13秒から5時23分14秒に変化する間に「現在」は途切れることなく13秒から14秒に移っていくと思われています。しかし、よく考えてみてください。14秒が「現在」ならば13秒はもうすでに「過去」ですよね。連続してつながっていると思われていた時間もこのように切り分けることができます。

では「現在」の長さはどれくらいなのでしょうか?

コンマ1秒という短い時間でもストップウォッチで測定できるので、0・1秒前も「過去」になってしまい、切り分けることができます。ですから「現在」の長さは1秒よりも短いものでなければならず、もっともっと短い瞬間でなければなりません。実はこれ以上切り分けることのできない最小の時間を物理学では「プランク時間」といいます。時間の流れというのは、実はプランク時間の積み重ねなのです。

生活のなかで、切り分けた時間というものについてイメージしてみましょう。

私が聞いているあなたの言葉も、例えば「おはよう」なら「は」が現在で「お」は過去になります。「よう」はまだ聞いていませんので存在しません。私の頭のなかで「現在」だけを考えていると言葉が理解できず、会話が成り立たなくなるのです。不思議ですね。私たちはどのように言葉を理解し、時間の世界のなかで生活しているのでしょうか？

プランク時間の単位で切り分けた「現在」はいわば写真のようなものです。ストップモーションにして「現在」という瞬間を切り取ると、今の「現在」と次の「現在」は別の情報です。水の流れのように続いていないことがわかります。確かに水をミクロの世界でみると H^2O 分子の粒子の集まりであるように、時間も大きな流れのように見えて、実はミクロの情報の集まりだったのです。

この話はⅡ章の量子の話に似ていますね。プランク時間という単位で切り取られた「現在」は、粒子として存在する量子に似ています。そして「過去」から「未来」に流れていくように見える「現在」は、波としての量子に似ているのです。時間も量子のようにふたつの性質が表裏一体となって存在している量子的な存在なのかもしれません。

このように少し立ち止まって「現在」という言葉について具体的に考えてみると、時間の流れとは細切れにスライスされた3Ｄ写真を積み重ねたようなもの、として考えることができます。私たちは時間を水の流れのように続いているものと思い込んでいましたが、しかし実際は数珠つなぎになった「現在」の連続として考えることができるものでもあったのです。

そして、この「現在」が積み重なった時間を連続3Ｄ写真のアニメーションのように認識しているのです。あたかも「H^2O分子の集まり」を「水」という流体として認識しているように、たくさんの「現在」の集まりである時間も、一連の流れとして認識しているわけです。

他の物理現象もそうなのですが、ミクロの世界まで深く見ていくと、時間の流れが私たちの認識と大きく異なった実相をもっていたことがわかりました。ミクロとマクロの違い、これが誤った思い込みを生んでいる原因だったのです。

現在はミクロの世界の原理である量子論がくわしく理解されるようになり、これらのあまりにも小さな粒子の挙動はニュートン力学の法則が当てはまらないため、新しい理論で説明するしかありません。今まで説明した時間に関する話も、量子論や相対性理論から引っ張ってきた話です。

私たちは目に見える、ニュートン力学の3次元世界しか認識できないので、ついついその常識のままものごとを考えてしまいがちです。しかしミクロの世界が解き明かされるにつれ、想像を超えた仕組みがこの世界に隠されていることを見ることができるようになってきました。ですので、今まで考えたことがないような事実が明らかになる可能性があるのです。

「過去」は失われてしまうのか?

私たちの今までの時間に関する感覚に錯覚が多かったことを踏まえて、さらに「過去」について考えてみましょう。

経験上、旅行をする時に一番楽しいのは計画や準備をする時だと思います。旅行先の有名な風景や食べ物を調べ、できるだけたくさんの経験をしようと時間配分や移動の段取りに知恵をしぼりますし、旅行に行ったときは日常から解放されるので、そのことを考えるだけでワクワクします。その気持ちは旅行前日の就寝前まで続きます。しかし、いざ旅行が始まってしまうと、貴重な旅行の時間はだんだん経過して残り少なくなっていきますし、肉体的な疲労や計画通りに進まないイライラ感、同行者とのささいな言い合いなどが重なることもあり得ますが、思いもかけない感動があったり段取りがうまくいったりして、基本的に旅行中は楽しい時間を過ごすことができるものです。

しかし旅行の時間はいつまでも続きません。家に帰り就寝してしまえば日常の生活が何事もなかったかのように始まり、楽しかった記憶はいつの間にか薄れてしまいます。そうなのです。どんなにすばらしい体験でも、過ぎてしまえば「過去」になってしまうのです。後で写真や動画を見返したり、思い出話を語り合ったりして思い出すことはできても、体験した人としか記憶は共有できません。体験が古くなればなるほど、その感動を正確に伝えることは難しくなってしまいます。そして日常生活に戻った現在の私は、旅行先にはもういません。旅行先には今は別の旅行者がいて、現在の旅行地を体感し感動しています。その体験はもう私のものではありません。

人間の人生はこの旅行のようなものです。肉体のある人生は旅行先での体験のようであり、肉体を失った自分は旅行先から帰って日常生活に戻った私のようです。もう旅行を体験することはできないのです。3次元世界に生きる私たちはおそらくこのような感覚で生きています。

私たちの肉体は「生命」を持った「生命体」です。机の上のパソコンや文房具と同じ原子や分子、つまり量子からできてはいますが、私たちとそれらとの決定的な違いがこの「生命」の有無です。

物質は量子である以上、コヒーレントな環境に置かれれば例外なく量子状態になります。しかし、絶対零度に近くなったり強力な磁力にさらされたりする機会はほとんどないため、なかなかそのような環境にはなりません。肉体のなかのミクロの世界では瞬間的にコヒーレントな状況がおきるかもしれませんが、私の肉体が壁をすり抜けるようなことは今まで一度もありませんし、そのような人を見たこともありません。私の肉体は生存している間、ほとんどデコヒーレントな状況にあるわけです。

しかし、私の心に限って言えば、瞑想したり、睡眠中などにコヒーレントな状況になりえることを説明いたしました。おそらくこのあたりが「生命体」と「非生命体」との違いなのでしょう。

何が言いたいかというと、肉体を失う瞬間、つまり私たち「生命体」が「生命体」でなくなる瞬間、私の肉体は完全にデコヒーレントな粒子としての物質になり、時間の経過とともにエントロピーの法則に従って少しずつ朽ちてバラバラになり、人間の肉体とは関係のない原子や分子に戻っていきます。しかし、私の心が3次元的な粒子性を最小化しコヒーレントな波として伝わることができれば、他の旅行者、つまり子孫や縁者の心と同化できるのではないかと考えたのです。

心には物理的な境界などもともとないのですから。

私はお墓を見るたびに悲しい思いがします。故人がいなくなってしまったからではありません。お墓が「過去」という時間の価値を薄めてしまう存在だからです。お墓に入っている人も生前はいきいきと生活しました。たくさんの「現在」を経験し、たくさんの「現在」を他の方とともに共有されました。しかし墓石は、刻まれた名前とともに静かに建っているだけで、何も語らず、その方の「現在」がもう終わってしまったこと、もう新しい「現在」が生じないことを痛いほど知らしめてくれます。それらの時間のなかには私が生まれる前の出来事や、私と一緒にいなかった時間もあるでしょう。故人が一人で経験した時間もあったでしょう。それらはその時間を経験した人がいなくなれば失われてしまうものなのでしょうか？「過去」は過ぎ去った時間であって、過ぎてしまうと取り戻すことも感じることもできないものなのでしょうか？　また「現在」に生きる私たちにとって、「過去」とは「現在」にくらべて価値の少ないものなのでしょうか？　墓石は時間の経過とともに朽ちていき、「過去」がはかない幻だと言っているように感じるのです。

さて、実際そうなのでしょうか？

「過去」が失われてしまう世界とはどういう世界でしょうか。簡単に言ってしまえば、「約束」、硬い言葉で言えば「契約」が成り立たない世界です。もう少しくわしくお話ししましょう。あなたと私が何か約束をしたとしましょう。しかし、翌日私は約束をすっぽかし、すました顔でこう言います。

「そんな約束してないよ」……。

こんなことよくありますよね。嘘をつかれてしまうと、約束というものは機能しなくなってしまいます。でも本当は、お互いがその約束を覚えていればその約束は有効なはずです。約束をした時の「記録」がどこにもないと誰もが思っているので、嘘をついたり、しらばっくれたりするのです。殺人犯が警察や探偵の追求から逃げ回るようなテレビドラマが昔よくありました。しかし事件の記録が残ってさえいれば、事実は一目瞭然です。そういう意味では探偵も警察も最初から必要ありません。本質的には、ばれなければ罪を犯していいのか、ということが問題なのですが……。

実際、約束の記録なんかどこにも残らないではないか？　だから契約書を取り、しっかり残しておかないと裁判に負けるのだ、町中の監視カメラで犯罪の証拠をとっておかなければならないのだと言われる方も多いと思います。

しかし、「記録すること」と「記録を引き出すこと」は別の話です。現段階で記録を確認できないからと言って、記録されていないとは言い切れません。

私は認知症の患者さんと接することが多いですが、彼らは聞いたことや約束事をほんの少しの時間で忘れてしまいます。患者さんや家族に説明するときによく話すのですが、「記憶する能力」と、「記憶を引き出す能力」は別のものです。すぐ忘れてしまうからといって、覚えていないとは限らないので、患者さんを簡単に扱ったりしてはいけない、患者さんの前で会話するときは気をつけなければいけませんと話します。

要するに、記憶が引き出せないからといって、記憶されていないとは限らないのです。私の顔をまったく覚えていないと思っていた患者さんから、突然「先生」と言われて驚き、うれしく感じたこともあります。突然スイッチが入って記憶が引き出されることがあるのです。

現実世界の出来事が、「記録されていない」とどうして言い切れるでしょう？　先ほどの旅行のたとえ話では、後で写真や動画を観ることができました。記録されているのに引き出す方法がないだけだとしたら……。もしすべての出来事が記録されているとするなら、これはとても恐ろしいことですよね。心にやましいことのない人がどれだけいるでしょう。裁判所でどのような判決が出ようと、そもそも「事実」は曲げることができないのですから……。

「過去」が失われてしまうかどうかという問題は、「情報が記録されているかどうか」ということにかかっています。

残念ながら、このことを証明するような証拠は科学の世界にはまだでてきていません。可能性があるとすれば、量子力学の「超ひも理論」で論じられている高次元空間です。

「超ひも理論」では、計算上では私たちの存在する空間には9次元の世界がコンパクトに折りたたまれているといいます。一見でこぼこのないまっ平らに見えるアスファルト舗装が、近くで見ると小さな粒が集まってできているように、何もないように見える3次元の真空の空間にたくさんの9次元空間がびっしり詰まっているというのです。私たちに見えている世界は、縦、横、高さのある3次元空間です。ひとつ高い4次元世界でも想像が難しいですが、数学的には9次元まで存在する方が理に適うのだそうです。そして高次元の情報は低次元の世界にコンパクトに収納できます。

ひとつだけ例をあげましょう。平面に描いた絵や写真は縦と横しかなく高さのない2次元の世界です。これをクルクルと丸めて巻物のようにします。紙の厚さがゼロに近いとすると、巻物は一本のひも、つまり線分になります。これは、1方向しかない1次元の世界です。2次元世界を巻物のように丸めて1次元の世界に2次元の世界が収納できました。高次元の空間は低次元の空間に収納することができるのです。なので、同じように9次元の空間が私たちの3次元の空間にぎっしり折りたたまれて収納されているというのです。また逆に低次元の世界の情報量は高次元世界に展開すれば微々たる量でしかありません。ですから、3次元世界の情報を9次元世界に記録できれば情報収納力は無限に近いといえます。量子力学の世界には、「情報が失われない」という原則があるので、私たちの世界の情報がこの無限の空間に全部収納されていてもおかしくはないと私は思います。

情報を記録するシステムとしてこのような仕組みはどうでしょうか。ビットコインという暗号資産（仮想通貨）がありますね。ブロックチェーンという技術を使ってたくさんのパソコンに少しずつ履歴を残し、複製や不正作成ができないようにしたデータです。たくさんのパソコンに細切れになって保存されたデータが通貨として使用する場合にだけ、ひとまとまりのデータとして読み出せるのです。

もし宇宙空間に私たちの人生のデータがブロックチェーンのように分散して記録され、いつでも引き出せるシステムが存在するとすればどうでしょうか？　もう「過去」が失われることはありません。私たちの人生はお墓と一緒に朽ちてしまわないのです。

そうすれば「過去」も「現在」と同じ価値を持つことができるのです。

キリスト教における「過去」と「未来」

次にこの「情報が記録されているか」という問題を宗教的な側面から考えてみます。

神はノアと彼の息子たちを祝福して言われた。（略）

「（略）わたしは、あなたたちと、そして後に続く子孫と、契約を立てる。あなたたちと共にいるすべての生き物、またあなたたちと共にいる鳥や家畜や地のすべての獣など、箱舟から出たすべてのもののみならず、地のすべての獣と契約を立てる。わたしがあなたたちと契約を立てたならば、二度と洪水によって肉なるものがことごとく滅ぼされることはなく、洪水が起こって地を滅ぼすことも決してない。」更に神は言われた。「あなたたちならびにあなたたちと共にいるすべての生き物と、代々とこしえにわたしが立てる契約のしるしはこれである。すなわち、わたしは雲の中にわたしの虹を置く。これはわたしと大地の間に立てた契約のしるしとなる。」

（『旧約聖書』「創世記」９章）

人類は洪水で生き残ったノアの子孫ですから、この引用文は神と全人類との契約といえます。神も契約、約束をされるのです。しかもこの約束は永遠のものだと神が言われています。このような重要なものが記録に残されていなくていいのでしょうか？　そもそも全能の神が、誰それがいつこのようなことをしたということを忘れられるでしょうか？　すべてご存じであり、すべて覚えておられると考える方が自然でしょう。神ご自身が宇宙そのものでいらっしゃるので、もし前述のような空間の記録システムが存在すれば、それは神が覚えておられるということと同義です。このような意味でも、やはりすべての出来事は永遠に記録されていると考えられるのです。

結論として、この世に起こった出来事はすべて空間に記録されている可能性があり、現在の私たちがそれを引き出せないだけだと私は考えます。

私たちは時間の流れのなかで生活しています。時間の流れのなかでは、「過去」と「現在」、「未来」が自動的に生じるのですが、「現在」は次の瞬間には「過去」になってしまう一瞬の出来事です。それなのに、不思議なことに私たちは、100年弱の肉体を持っている時間を常に「現在」だけを意識して生きています。だからこそ、もし「過去」「現在」「未来」を超越して意識しながら生きることができれば、私たちは永遠に生きることも可能なのではないかと思うのです。

「未来」について考えるときに重要な観点として、「予定論」という考え方があります。キリスト教の教義をまとめ上げた教父アウグスチヌスが思想化したと言われていますが、「最後の審判の日に救われるかどうかはすでに神によって予定されている」という考え方です。人間の行動の結果が救いにつながるのであれば、神の全能性に問題が生じるというのです。しかしこの考え方では、私たちが人生において努力する意味がなくなります。ですから教義では、救われるかどうかは神のみが御存知で、私たちはそれを知ることができない。だから、努力しなさいと教えます。しかし私はこの考え方には賛同できません。

「現在」の私だけが、行動を決断しその先の「未来」の姿を決定します。救いが予定されているのなら、どんな決断をしても結果は変わらないことになります。良心に聞きながら正しいと考える行動をとる必要がなくなるのです。3次元の肉体を持っている「現在」の私の意志と行動が、何よりも重要だと私は考えます。

このことを示唆する部分を聖書から引用してみます。

アブラハムはユダヤ人やアラブ人の祖先とされている人物で、引用した部分は彼がイサクを燔祭《はんさい》（生贄《いけにえ》を祭壇で焼いて神に捧げる儀式）に捧げる有名な部分です。神はアブラハムに一人息子、しかもあきらめていたのに年老いてからやっとできた大事な一人息子を自ら殺して捧げるように指示されました。

これらのことの後で、神はアブラハムを試された。神が、「アブラハムよ」と呼びかけ、彼が、「はい」と答えると、神は命じられた。「あなたの息子、あなたの愛する独り子イサクを連れて、モリヤの地に行きなさい。わたしが命じる山の一つに登り、彼を焼き尽くす献げ物としてささげなさい。」

（中略）

神が命じられた場所に着くと、アブラハムはそこに祭壇を築き、薪を並べ、息子イサクを縛って祭壇の薪の上に載せた。そしてアブラハムは、手を伸ばして刃物を取り、息子を屠ろうとした。そのとき、天から主の御使いが、「アブラハム、アブラハム」と呼びかけた。彼が、「はい」と答えると、御使いは言った。「その子に手を下すな。何もしてはならない。あなたが神を畏れる者であることが、今、分かったからだ。あなたは、自分の独り子である息子すら、わたしにささげることを惜しまなかった。」

（『旧約聖書』「創世記」22章）

「神はアブラハムを試された」とある部分は注目に値します。「試す」ということはどういうことでしょうか。試験を受ければ合格するか、不合格になるか結果がふたつに分かれます。神が試験をされたので、アブラハムは合格するか不合格になるかどちらかの行動をしたはずです。息子をわが手で殺すというとてもできないような指示を受け、それでもアブラハムは指示を全うしようとしました。合格したので、天使が現れ「あなたが神を畏れる者であることが、今、わかった」と言われたのです。まさしく「今」、合格が決定したのです。神がハラハラしながらアブラハムの行動を見守られていたことがこの言い回しから感じられます。もしアブラハムが神を不信し、そのような行動をしなければ不合格となっていたことでしょう。つまり、アブラハムがまさに息子を手にかけようとするその瞬間が、「ふたつあり得た未来」から「合格の未来」を選択し決定したのです。すべてが予定されていたのなら、試験などされるでしょうか？　アブラハムの信仰心が揺らいでいて、完全に信用できない状態だったので、神が試験という瞬間を与えて信仰者であることを決定してくださったのです。実はこのような目で見ると、この引用文に対応する部分が、もう少し前にあることに気づきます（引用の「アブラム」はアブラハムが改名する前の名前です）。

主は彼を外に連れ出して言われた。「天を仰いで、星を数えることができるなら、数えてみるがよい。」そして言われた。「あなたの子孫はこのようになる。」

（中略）

主は言われた。「三歳の雌牛と、三歳の雌山羊と、三歳の雄羊と、山鳩と、鳩の雛とをわたしのもとに持って来なさい。」アブラムはそれらのものをみな持って来て、真っ二つに切り裂き、それぞれを互いに向かい合わせて置いた。ただ、鳥は切り裂かなかった。はげ鷹がこれらの死体をねらって降りて来ると、アブラムは追い払った。日が沈みかけたころ、アブラムは深い眠りに襲われた。すると大いなる暗黒が彼に臨んだ。主はアブラムに言われた。「よく覚えておくがよい。あなたの子孫は異邦の国で寄留者となり、四百年の間奴隷として仕え、苦しめられるであろう……。」（『旧約聖書』「創世記」15章）

イサクの時と似ていると思われませんか。この時はイサクでなく、各種の動物を裂いて捧げるように命じられましたが、アブラムは鳥だけ裂かなかったのです。実はこの時も試験だったのですが、アブラムは気づかず指示を全うできなかったのです。ここでは不合格になったので、急に記述が暗くなります。あれほど子孫が星の数ほど増えると希望的に話されていた神が、急に子孫の400年間の奴隷生活を宣告されました。

このように見てみると、その後のイサクの時の試験は、不合格の結果を取り戻す追試であったことがわかります。

このように3次元の「現在」に生きる人間の意志と行動は、その後の「未来」を決定します。私たちにもいつ試験が行われるかわかりません。そういう意味で私たちは日々過ごす「現在」を重要視し、大事にしていかなければならないのです。

「過去」「現在」「未来」が混在する時空のなかで

アインシュタインが明らかにした相対性理論では、光速を超える速度は存在しないことになっています。ですから、何百万光年遠くの出来事をタイムリーに知ることができず、空間が宇宙の時間をバラバラに切り分けてしまっています。

また「過去」「現在」「未来」の順番を飛び超えることができないことを物理学では「時間の矢」と表現しますが、私たちは、「時間の矢」に縛られ、「過去」「未来」と切り離された「現在」に生きるしかないのでしょうか。

量子力学の世界には、光速を超えた速度で情報が伝達する現象が存在する可能性が示唆されています。それは「量子もつれ」現象です。電子などの量子はスピン（自転）の方向を持っているのですが、対になるふたつの量子は必ずスピンの方向が反対向きになるようになっています。理論的には対になる量子が何百万光年離れていようと、一方の量子のスピンの向きが明らかになるとその瞬間、遠いかなたの対の量子は反対向きにスピンの方向が決定します。光速を超えた速度で、言い方を変えれば時空を飛び越えて情報が伝達されるのです。量子の世界には、時空を超える方法が隠されているかもしれません。

「重ね合わせ現象」も、通常の感覚ではちんぷんかんぷんです。素粒子がここにあるかもしれないし、あそこにあるかもしれない。もしかしたら、ここにふたつのものが同時に存在するかもしれないというのですから。

このように量子力学の原理というのは、私たちの目に見える世界を支配しているニュートン力学的感覚とは相いれない結論を導き出し、明らかにしてきたのですが、これは別世界のものだと思わないでください。逆です。マクロの世界では、少々の誤差は無視できます。しかしミクロの世界では無視できないのです。このミクロの世界の原理がすべてに通じる原則なので、この考え方を利用して、われわれの世界をもう一度、見つめなおす必要があるのです。

現実に量子コンピュータはこれらの理論を用いて、すごい速度での計算を可能にしました。

突然これらの理論を引っ張り出したのには理由があります。私たちの時間のとらえ方に関して、この重ね合わせの考え方を用いようと思うのです。

私たちは「3次元の肉体を持っている100年前後の期間」を自分の人生だと思っています。数百年前数千年前の出来事は実際あったかもしれないけれど、その当時の人物の心のなかまではわからないので、残された遺物を鑑定して何が起きたか想像するだけです。いろんな人がいろんな形で解釈しますが、本当のところは誰にもわかりません。

「未来」は自分の子孫が作っていくので、今の自分にはできることはありません。できることを精一杯やっておいて、未来の世界が少しでもよくなるようにしておこうと考えますが、自分の思い通りに「未来」が決定されるわけでもありません。

今までは「現在」に生きる私たちにとって、「過去」も「未来」も関係ないものと考えるしかありませんでした。

このとらえ方を変えようと思います。

「20万年生き続けてきた私たち」という考え方を提案いたしましたが、それだけではどうしても実感を持って「過去」の歴史を自分事として受け入れられませんし、遠い「未来」まで自分の人生だと思えません。

時間の感覚についてもう一度整理してみましょう。

一般的な感覚として時間はこのようなものだと思っておられませんか？

・時間は誰にとっても、またどこでも同じように一定に流れていて、過去から現在、未来へと一方向に流れていく
・過去はなくなってしまい、存在しなくなる
・未来に起きることは、自分とは直接関係ない問題だ

これらの感覚を変えてしまうことです。

「過去」「現在」「未来」を重ね合わせて生きるのです。

量子がふたつの場所に同時に存在できるように、私もすべての時間に同時に存在できると考えてみるのです。大量の水が一瞬で迷路の隙間という隙間を満たすように、コヒーレントな波となった私は、「過去」も「未来」も同時に満たして生きるのです。こうすれば、「最初の人類からつながり生き続けてきた私」をすべて一瞬に圧縮して生きることができます。子孫からみれば私の「現在」は「過去」でしかありませんが、まだ見ぬ子孫も私のなかで一緒に「現在」を生きているとイメージするのです。私は子孫を通して「現在」を生き続けるのです。

このように意識して生活することで、コヒーレントな波となった私の心は、いつのまにか先祖や子孫の心と一体化して、インド神話に出てきた「ブルシャ」のような「人間というひとつの生命体」となり、１００年前後の３次元的な肉体の人生に縛られず、永遠の時間を生きることができます。

深く考察してみると、私たち人間は20万年生きてきた一つの生命体で、さらに時空を超越した量子的な存在でした。そのような意味で、地球上に今まで生きてきた人間、そしてこれから生まれてくる人間すべてが、例外なく同じ価値を持っています。

そう、ある朝出会ったコンビニのアルバイトの女性もそのひとりだったのです。

私は思います。きっと彼女と次に出会う時は、感謝を込めて心からのお辞儀をできるだろうと！

エピローグ

私が幼い頃、母の実家には住み込みの男性の使用人がいました。「まんきっつぁん」といいます。「まんきっつぁん」は、からだ全体が日焼けして真っ黒く、小柄でしたが筋骨質の方でした。私が知っている「まんきっつぁん」は若くはなく、だいぶ昔から家にいるようでした。しかし、家のなかの人なのに食事は別で、家族団らんの時には、いつも自分の小屋にいて、私たちと一緒にいることはありませんでした。

「まんきっつぁん」について質問することは、家族のなかではタブーになっているようで、母に詳しいことを尋ねることはついぞありませんでしたから、今でもおぼろげなイメージしか浮かびません。少し知的に問題があったようで、なんらかの事情で祖父か曽祖父が預かることになったのかもしれません。祖父がかわいがり呼び寄せて居ついたといった感じではなく、なんとなく「まんきっつぁん」の話題になると、祖母や叔父の表情が険しくなったのを思い出します。

今思えば、私のこの幼少時の体験は特殊な経験だったと思います。当時の日本でもこのような使用人は珍しい存在でした。歴史を勉強する際、奴隷についての項目が出てくると、ふと「まんきっつぁん」のイメージが湧いてくるので、私は肌感覚でその存在を感じることができます。

１９４８年に国際連合で世界人権宣言が採択され明確にその存在が否定されましたが、歴史的には奴隷制度が存在しましたし、現在も地域によってはいまだにそのような存在があるだろうと思います。アテネのポリス社会やローマの市民社会は民主主義であったと習いますが、そこにいた哲学者たちが自由に思索し議論できたのは、奴隷が生活を支えていたからです。

奴隷のような「人扱いされない人」たちも人間であり、すべての人に、同じように生きる権利があることはいうまでもありませんが、その権利、つまり人権を少しずつ獲得してきた歴史がこれまでの歴史であり、その結果が現代の市民社会です。

２０２０年1月12日の「読売新聞」にフランスの思想家であるエマニュエル・トッドのインタビュー記事を紹介いたします。彼は人口問題を通して人類の歴史を考察することで知られていますが、今後の世界の姿についてこのようなことを言っています。

近年、英米で自分を女性と考える男性、男性と考える女性の問題が浮上し、性差の否定を含めて大議論が起きています。

私は性の問題にリベラルです。性を抑圧する規制には反対します。ただ、人間には生と死と同様に、性差という条件がある。手術で外見などは変えられますが、真の性別変更はできない。

それでも性差否定論が盛んな背景にあるのは、現代人のアイデンティティーの危機です。自分が男なのか、女なのか、人間なのか、何なのか分からなくなっている。原因は行き過ぎた個人主義です。人々はグローバル化で国民国家が弱体化したことにも伴って、帰属する集団を見失いつつある。現代人は戸惑い、人間の条件さえもわきまえなくなっている。

私は不安です。人々がアイデンティティーを疑い、危機が深まれば、その解消手段の一つは、敵を作り、感情に訴えて帰属集団を再編成する、戦争であるからです。

（2020年1月12日「読売新聞」鶴原徹也）

環境、国際政治、貧富の差、薬物、暴力といった問題は毎日のように報道されていますが、未だに私たちはそれらが解決されていく道筋を見つけられていません。1世紀前にはロシア革命がおこり、人々は革命によって世のなかを変えようとしました。あまりにも理不尽な貧富の差などのあらゆる問題に、人々は怒り、嫉妬し、その感情を単純な暴力という形で吐き出しました。

また人々の理性は、政治機構を変えることを解決策として選択しました。たくさんの革命がおこり、たくさんの新しい政府ができました。しかし、人間が理性や科学技術を過信していたために、多くの犠牲を払う結果になったことを私たちは知っています。ポルポト政権の行った大虐殺など、その例は枚挙に暇がありません。

さて革命の歴史を遡れば、1789年のフランス革命に行きつきますが、その動機は絶対王政とセットであった重商主義、国家統制経済からの脱却を目指すものでした。「レッセ・フェール（なすに任せる）」がその合言葉でした。自由な経済活動を成り立たせるために、所有権という概念がこの時期に確立したことはあまり知られていません。フランス革命は市民革命の端緒であったと同時に、自由主義経済の端緒でもありました。個人の経済的な自由を保障するために、所有権をはじめとした個人の権利が必要とされたわけです。先の世界大戦の反省から全体主義、国家統制主義が憎まれることになり、その反動で個人の権利が神聖視され、子どもたちは「自分らしくありなさい」と教えられるようになりました。しかし、自分らしさとはなんでしょうか？　個人の権利が天賦の権利であると信じられ、その使用責任が全ての個人に問われるようになっています。

かつて絶対王政を支えた思想的根拠は「王権神授説」でした。歴史をみれば、歴史上の多くの政権はその正当性を主張するために、宗教を利用してきました。カトリック世界はローマ教皇を、ロシアはギリシア正教を、モンゴルはチベット仏教を、スンニ派イスラム世界はカリフの権威を用いてその政権の正統性を主張しましたが、それは王権神授説と同じ発想です。神様が認めた政権だと言っているわけです。

人権についてはどうでしょうか？　人間には天賦の権利があると言いますが、いつその権利が与えられたのですか？　勝手に主張するだけで、権利は与えられるものなのでしょうか？

王権神授説では神が王に権利を与えたと勝手に主張していました。現代人からすれば荒唐無稽な論理です。王だけに権利が認められる道理がありません。しかし、翻って見れば、現代に生きる我々も似たようなものだと言わざるを得ません。勝手に権利を主張しているだけです。

人権宣言だって、勝手に発表しただけでしょう？

どこにその正当性があるのでしょうか？

すべてフィクションです。

では、権利はどうしたら得られるのでしょうか？

我々自身がどういう存在なのかを知らなければ、この世界がどのようにできたのか、創造されたとすれば、どのような目的を持って創造されたのかを知らなければ、その方法を知ることはできないでしょう。

そうです。被造世界すべては創造主の想いのなかに存在するのですから、そこで生きていくための権利は、創造主から受け継ぐべきなのです。創造の目的を完成した存在として、創造主から相続するのが正当な方法です。宇宙の隅々まで行きわたる創造の想いのなかで、与えられた権利をそれぞれの人が持っていても、それらが干渉することはなく、多くの人が調和して存在できることは自明です。逆に行き過ぎた個人主義が干渉しあう姿は宇宙の原則に反しています。

全身に隙間がないほどタトゥーを入れたり、あえて周囲に同調しない格好をすることで「これが本当の自分なんです。やっと自分らしく生きられるようになりました」という方をテレビやネットで見るようになりましたが、本当の自分とはなんでしょうか?

本書は、個人主義社会に対するアンチテーゼです。

自分はどこから来たのか、自分の価値は何に由来するのか、個人の権利は本当に自分のものなのか。これらについて真剣に考えなければ、そして知らなければ、私たちはこれ以上一歩も先に進めないと思います。逆にそれらが明らかになることで、人は人間という生物の本来の価値を知ることになるでしょう。個人の生きる方向性がはっきりすれば、社会全体の仕組みづくりの方向性も定まるでしょう。

我々はそうすることで生活に振り回されず、人間としての価値を最大限に発揮する人生を切り開いていけるのではないかと思います。

現代は100年前と同じように変化の時期を迎えていますが、人々はその結果を知っているだけに、革命による政府の転覆を求めているわけではありません。何を目指していいかわからず右往左往しています。だからといってこのまま諦めて、何も見ようとしなければ、お酒や趣味でその心をごまかしながら生きるしかないでしょう。

だからこそ、これからは「人権神授の世界」を目指すべきなのです。

この本が水面に投げられた小石のように波紋を起こすことを願っています。

（了）

執筆を後押ししてくださった深田祐規氏、栗岡慎一郎氏、
そしてご指導いただいた海鳥社の柏村美央氏に心から感謝申し上げます。

田中耕太郎　（たなか・こうたろう）
御所ヶ谷ホームクリニック院長。医学博士。
1968年、鹿児島県に生まれる。1987年、ラ・サール学園高等学校卒業。1993年、九州大学医学部卒業後、同大学病院総合診療部入局。2000年、九州大学大学院医学研究院ウイルス学博士課程修了。その後原土井病院非常勤医師を経て、2001年、御所ヶ谷ホームクリニックを開業。現在に至る。ほかデイサービス、ケアプランサービス、ヘルパーステーション、コミュニティハウス（高齢者住宅）、有料老人ホームを運営しており、医療と介護の細やかな連携で患者とその家族、また地域の高齢者の生活を支援している。

量《りょう》子《し》「人間《にんげん》」学《がく》

■

2021年12月25日　第1刷発行

■

著者　田中　耕太郎
発行者　杉本　雅子
発行所　有限会社海鳥社
〒812-0023 福岡市博多区奈良屋町13番4号
電話092(272)0120　FAX092(272)0121
http://www.kaichosha-f.co.jp
印刷・製本　九州コンピュータ印刷株式会社
ISBN978-4-86656-112-7
［定価は表紙カバーに表示］